学校では学力が伸びない
本当の理由

林純次

光文社新書

はじめに

「行きたくない学校なら、行かなければいい。世界は広いよ」

私は常々、生徒にそう言ってきた。

オーストリア出身でペンシルベニア州立大学の講師を務めた評論家のイヴァン・イリッチは、１９７１年『脱学校の社会』を発表し、世界の教育関係者を震撼《しんかん》させた。

イリッチの指摘は、教育は必要であり肝要であるが、その実践の場として学校は不適切である、というものだ。また、多くの人や社会、学校自体が、日常の生活体験などから学ぶことを軽んじ、学校での学びを重視することにも疑義を唱えている。社会の学校化が強まると、学校で学んだ知識こそが学習であり、独学は学習ではないとされてしまう風潮に警鐘を鳴らしているのである。

イリッチは、学校という制度への依存から脱却した自主的な学習が肝要とし、「私たちは、学習が本来、他からの操作（manipulation）を最も必要としない人間行動であることを思い起こす必要がある」と述べた。教育は必要だが、その伝達方法としての学校という仕組みには大きな問題がある、という主張である。彼は学校教育によって、裕福な家庭の子と貧困家庭の子の学力差が広がっていくことや、貧困層出身の子が自ら学習をコントロールする気持ちを失うといったことから、この論を立てた。彼の言説は、教育＝善、学校＝悪といった構図に簡略化され伝播していった。

50年前に「学校などいらない」と叫んだこの評論家の慧眼《けいがん》は、今も我が国の教育界に対して澪標《みおつくし》たる要素を多分に含んでいると言えよう。

私はこれまで20年、教師生活をしてきた。生徒による授業アンケートではトップをとり続けてきたし、私の教育実践に共鳴してくれた生徒も多かった。それは、私が学校のルールや悪弊を否定し、生徒の利益を最優先した教育実践をしてきたからに他ならない。

受験に限っても、東京大学や国立大学医学部医学科を始めとする難関大学への合格も多々成し遂げてきたし、教師向け講習会の講師も務め、教育関連の賞もいただいてきた。国内外の学校を数百校取材・見学させてもらい、教師向けの自主学習会も開催し続けてきた。ＩＢ(International Baccalaureate：国際バカロレア）の有資格者でありその指導経験もある。

この経験から導き出された現在の確信を、粗っぽく表現すると、**日本の学校では学力が伸びない**、ということである。イリッチの論に概ね賛同せざるを得ない状況なのだ。勉強をするために学校へ行っているにもかかわらず、学力面での伸長が図られないというのであれば、多大な税金を投入しているという観点からも、人の労働配置の観点からも、そして何より若い世代の人生設計という観点からもマイナスでしかない。

「学校には〝内職〟をしに行っている感じです」

「受験が近いんで学校を欠席してます」

こういう受験前の児童・生徒の本音を、学校教師として、また予備校講師として多数聞いてきた。受験での合格という自己利益を優先する行為は、学校中心主義の人々からは嫌われ、徳育の観点から教員には厳しく咎められる。

しかし、これは矛盾していないか。

学校の授業が自分にとって低次元だから、あるいは自分にとって必要のない科目だから、授業内容とは関係ない〝内職〟行為をしたり、学校を欠席したりする。当然の思考ではないか。

　そういう事態を防ぐには、質の高い授業を用意し、学ぶタイミングや量、順序が考え抜かれたカリキュラム設定が行われて然るべきではないか。それができていないから、児童・生徒から「学校では学力が伸びない」と思われるのである。大人の側が、もっと適切なプログラムを用意するべきだろう。

　本書では、なぜ学校では学力が伸びないのかという点について、制度面、運用面、学校を取り巻く環境面、他国や他カリキュラムとの比較面などから考察していきたい。

　それに先んじて、私の教育者としてのスタンスを略述しておく。

　公の教育において何より大切なのは、生徒の学力・能力の伸長と精神的成熟を達成することだと考えている。それは法治国家である日本の教育基本法に書かれている内容であり、また教育の歴史や人類史を紐解いた結果から妥当な目標設定だと考える。もしどちらが重要かと問われれば、前者の学力・能力伸長だと思っている。

　なぜなら、後者は家や職場、地域や個人の人間関係で磨かれることも多く、同時にその成熟を、社会から切り取られた学校という空間で成されても、社会に出た際の意味が薄いからである。

また、社会自体の方向性として、経済発展や成長は是とすべきものとして私は捉えていることを明らかにしておきたい。かの孟子は「恒産なくして恒心なし」と述べた。これは安定した財産や富がなくては、人は道義心、良識を持つことは難しい、という意味だ。その通りだと思う。自分や家族の生活が苦しく、住んでいる町や国が衰退していれば、他人に寛容になれる可能性は減るだろう。他国が経済競争を繰り広げる中、成長や国力の増強を放棄すれば、生活の安定が確保できないはずだ。

経済発展のソフトランディングや〝緩慢な衰退〟を求める言説を聞くようになって何年か経《た》つ。これは若い世代に対して極めて無礼な話だと思うし、そのような施策をとれば有能な国内人材の流出を加速させる。それは、２０２１年のノーベル物理学賞を受賞した真鍋淑郎教授の例を引くまでもなく、すでに始まっている。

若い世代が自ら経済発展のソフトランディングを主張するならまだしも、今まで経済発展の喜びや充実を味わってきた世代が口にしていいことではない。

日本の国力が弱まれば弱まるほど、成長を是とする他国から見限られ、若い世代が世界と交流する機会や世界と闘う可能性も失われる。逆に、経済的に賢い支援ができれば、他国と幸福を共有することも可能になる。

加えて、政策立案や研究開発のみならず、いかなる活動をするにも金がかかる時代に、経済競争や研究競争、発展という闘いから逃げた国など、世界から忘れ去られるか、残った資産の食い合いを生むというのが私の分析である。カンボジアやイスラエルといった紛争地帯を取材してきた身として、そう結論付けずにはいられない。

冒頭のイリッチと私の共通点は「学校が教育を受けるための適切な場所になっていない」という考えにある。相違点は、彼は学校を別のものに代替すべきと考えるのに対し、私は別の方法を使いつつ、学校の大改善も必要と考えているところである。

現行の初等中等学校制度は、1881年（明治14年）の「改正教育令」以降、学問よりも徳育を優先するような師範と師範学校によって基礎が作られた(1)。その風潮を重んじながら、教員に対する教授能力の向上要請などもあったものの、第二次世界大戦敗戦以降、アメリカ型工業社会を支える人材育成ができるように学校制度は形作られてきたと言っていい。

鋳型でタコ焼きや鯛焼きを作るように同じタイプの〝人と協調し、正答のある課題に対して素早く的確な解答を出していく人材〟の育成である。これは戦後、先進国が作っているモノを真似して大量に安く生産することが〝正解〟であった時期には大いに機能した。

しかし、時代は変わった。そのような人材育成法では生き抜いていけない。国境を越える環境問題が次から次へと巻き起こり、グローバルな経済環境で世界の最先端技術を争うことが当たり前の日々において、次代を担う若者にどのような〝教育〟をどのような〝制度〟で提供すべきか、早急に考える必要があるという危機意識が私にはある。

本書を執筆するにあたっては、マクロの視座である統計的データとミクロの視座である現場の事実を織り交ぜて、真実に到達できればと考えている。

学力や能力の伸長と切り離して考えるべきではない、生徒の「人格の完成」が成される空間として学校は成立しているか、という点についても論を広げていきたいと思うので、お読みいただければ幸いである。

第一章では、既存の学校から離脱する子供たちの現状や、そうした子供たちに対する教育行政の実情、学校や授業を壊していく児童・生徒の現状を伝える。併せて、既存の学校以外の場所に活路を見出す事例も紹介する。すでに児童・生徒の側から大量のＳＯＳが発せられている事実から、現行の学校制度や学校をめぐる状況が大きな欠陥を含んでいること、後手に回った行政や学校側が、既存のシステムをマイナーチェンジしている様子もおわかりになると思う。

第二章では、学校では勉強ができるようにならない理由について詳しく触れていきたい。対象とするのは、**学校教育法第一条の学校として認められた正規の小中学校と全日制普通科高校**である。このように限定した理由は、実業高校の実学や高等高専の理数系教育は奏功していると判断できるからだ。高等高専の学びについては、ベトナムやタイなど海外からも成功事例として捉えられ、模倣されることが増加している(2)。

第三章では、現状の大学や短大、専門学校への進学事情をお伝えする。大学入試や専門学校進学の風景は、我々ポストベビーブーマー世代のそれからは様変わりしているし、中国・インド・韓国・香港などの状況とは大きく異なっている。

第四章では、学校という空間・組織が児童や生徒に与える負の心理的側面について紹介し、述懐したい。「人の気持ちを考える」だとか、「国際人になる」だとか、「心身共に健やかに」だとかを標榜している学校の実態が児童・生徒に与える真の影響について示したいのだ。例えば、現行のような初等中等学校の制度があるから日本型いじめが発生しているとは言い過ぎだろうか。考える契機としていただければと思う。

第五章では、学校教師の社会的地位の変化、ＰＴＡの感覚変化といった学校や教師を見る目の変化と世界の学校事情をお示ししたい。かつての教師たちはどのような人物で、今の教員はどのようなものになっているのか再確認をしていきたい。

また、日本の教育界が世界から遅れてしまった事例も紹介し、筆者の感じている危機意識を共有していただければと思う。

最終章では、現在の日本が、多くの笑顔と経済成長を再び手に入れるためにどうするべきか、私なりの考察を提示させていただいた。今後、自分が高校や大学・専門学校を選ぶとき、ご子息・ご息女の進路決定や学び方の着手方法、教育行政の在り方やカリキュラム改変の判断材料としていただければ幸甚である。

目次

第二章　学校では学力は伸びない

第一章　学校から離脱する子供たち、学校を破壊する子供たち

本章では、現行の学校システムに対し、身体で、時に口で異議を唱えた子供の現状をお伝えしていきたい。また、文部科学省カリキュラムではなく、ＩＢ（International Baccalaureate：国際バカロレア）カリキュラムを中心にインターナショナルスクールを選んだ児童・生徒についても触れていく。

1　不登校児童・生徒の急増

かつて、長期間、学校へ行かない子供のことを「登校拒否」児童・生徒と呼んでいた。文部科学省（当時文部省）は１９９８年の学校基本調査から、年間30日以上欠席した児童・生徒の理由の分類のうち「学校ぎらい」を「不登校」に名称変更したことを踏まえてお読みいただきたい。

さて、読者の皆さんは現在の不登校児童・生徒の数をご存じだろうか。

２０２１年10月に発表された、２０２０年度の不登校児童・生徒数は19万６１２７人となり、２０１５年度から連続増加中だ。在籍児童・生徒に占める不登校児童・生徒の割合は

1・9%、具体的には小学校が1・0%、中学校が4・1%となっている[3]。これも2015年が各0・4%、2・8%だったので、小学校で2・5倍、中学校で1・4倍に増加していることになる。

過去のデータと比較してみよう。

年間通算30日以上の欠席を〝登校拒否〟の基準としたのは1991年以降である。それまでは年間通算50日以上の欠席を基準としていたので、1991年と比べることにする。1991年の小学校における〝登校拒否〟児童の出現率は0・14%、中学校は1・04%である。30年の間に、小学校が7・1倍、中学校が3・9倍に増加しているのだ[4]。

不登校問題は、学校教師の側からすると、この数字以上に大きな悩み事である。該当する児童・生徒に意見や感覚を聞くことはもちろん、家庭とのやりとりや、少しでも登校に対して前向きになるような働きかけなど、終わりの見えない仕事が積み重なる。さらに、不登校一歩手前で苦しんでいる児童・生徒はその何倍も存在する。

2018年に日本財団が発表した調査結果によると、遅刻・早退が多かったり、クラスルームに入れなかったり、級友に怯え別教室にいることを好んだりする不登校〝傾向〟にある中学生（年間欠席数は30日未満）は、全中学生約325万人の10・2%にあたる約33万人で、文部科学省が調査した不登校中学生の数の約３倍を数える。不登校児と合わせると実に８人に１人が学校や教室、級友や教員・学校システムに合わない感覚を持っていると言えるのだ[5]。学級単位に換算すると、30人学級において３人に不登校傾向があり、１人が不登校ということになる。

この数字に加えて、高校生の不登校と中途退学の数字も見ていかなくてはならない。２０２０年の高等学校における、不登校生徒数は４万３０５１人（前年度５万１００人）で、出現率１・４％である。中途退学者数は３万４９６５人（前年度４万２８８２人）であり、その割合は１・１％（前年度１・３％）となっている。

全日制高校生に関する不登校の調査は２００４年に開始され、同年度は６万７５００人（在籍生徒数の１・８％）が該当するとされた[6]。したがって、不登校生の割合は微減しているといえるのだが、全日制高校については、通信制高校の隆盛と併せて考えねばならないため、改善傾向と即断することはできない。

高校生の中途退学の数は、１９８２年のデータが参考になる（調査が開始された年のデータで、現存する最も古いもの）。同年に10万６０４１人（在籍者数比２・３％）を記録。その数は１９９０年まで右肩上がりに上昇し、同年に12万３５２９人（同２・２％）となって以降は、下落傾向が続いている(7)。ただし、これも通信制高校の増加と併せて捉える必要があり、全日制高校の復活を表すものではないだろう。通信制高校については４節で述べる。

では、彼らはなぜ学校から遠ざかっているのだろうか。

文部科学省の調査では、小学生の不登校原因は「無気力・不安」46・３％、「親子の関わり方」14・６％、「生活リズムの乱れ・あそび・非行」14・６％となっている。

中学生のそれは、「無気力・不安」47・１％、「いじめを除く友人関係をめぐる問題」12・５％、「生活リズムの乱れ・あそび・非行」11％と続く。なお、指導の結果、登校できるようになった児童・生徒は小中学校どちらも28％程度となっている(8)。

一方、高校生は、「無気力・不安」36％、「生活リズムの乱れ・あそび・非行」12・８％、「いじめを除く友人関係をめぐる問題」10・４％となっている。指導の結果、登校できるようになった生徒は48・３％であった。

中途退学の理由については、「学校生活・学業不適応」30・５％、「別の高校への入学を希望」21・２％、「就職を希望」10・１％と続く。

学校を介しての調査なので、全てのデータを真に受けるわけにはいかないが、小中学生は本人に起因するもの、家庭に起因するもの、そして、学校で出会った人間に起因するものと分類することができる。視点を変えれば、学業に関するものはそこまで重くない。

高校生になると、本人に起因するもの、学校や、学校で出会う人間と本人との齟齬《そご》、別の目標ができるということが見られ、小中学生とは同様に捉えにくい。

筆者が担当した、あるいは見聞きした高校生では、熱意がない中途退学者が多く、そこから別の高校へと流れるケースが多かった。それぞれの担当の先生方も筆者も、彼らを褒めそやし、笑わせたり成功体験を積ませたり、約束を結んだり、時として叱ったりしてきたが、ほぼ効果はなかった。先のデータよりも厳しく、効果があるのは３人に一人の割合程度だろう。

彼ら・彼女らについては、正直なところ、親が長期間にわたり甘やかし続けてきたことで、強固なベールに包まれているように感じたこともあった。その親に「高い金払って、この子を入学させたんだ！　あんたの指導が悪かったんだろう。どうにかしろ」と詰《なじ》られ、心穏やかではいられない日もあった。

一方、過酷な妊娠活動の末に得た子供や高齢出産で授かった子供を甘やかす親、自身が離婚したことなどに負い目を感じて子供を甘やかす親は増加の一途をたどっているように思う。甘やかしていると承知しながらそうするしかないという親にも出会ってきた。子供が怖い、子供に嫌われたくない、だから叱れない。そう言いながら筆者の前で涙を流す親を何度見てきたことか。

とはいえ、不登校児童・生徒とその親が、我々教師の心理面、時間面に及ぼす影響は大きいと言わざるを得ないのが現状である。

筆者が小学校の講師を務めていたときに出会った、敬愛すべき良教師は、不登校児童の家に足繁く通い、その子たちの目と足を少しずつ学校に向けさせることに成功していた。本当に熱血教師と言ってよかった。と同時に彼が、「（自分の）家族には我慢してもらっている」と言っていたことが忘れられない。

今振り返ると、不登校傾向のある児童・生徒は、自分ではない誰かに多大な負荷をかけながら、学校という機構や文化を成立させるために、自分を殺してどうにか通学しているという構図に見える。私たちはそうした社会を望んでいるのだろうか。社会はより良い方向に進んでいると言えるのだろうか。不登校・不登校傾向のある約57万人の児童・生徒たちから悲鳴が聞こえてくるような気がしてならない。

2　インターナショナルスクールの増加

IB（国際バカロレア）

現在、日本の文部科学省カリキュラムを忌避し、インターナショナルスクールに通う児童・生徒が急増している。多くは就学前保育の段階だが、インターナショナルスクールはすでに国内に５００校以上存在する。小・中・高校も増加傾向にあるという。

なお、インターナショナルスクールは学校教育法第一条に定められている正規の学校ではなく、各種学校に分類される。各種学校の場合、就学義務を満たしたことにはならず、インターナショナルスクールを卒業しても、国内では学歴として認められない。

帰国子女、インターナショナルスクール、世界のカリキュラム情報などを扱うネット中心の専門誌「インターナショナルスクールタイムズ」の村田学編集長は「プリスクール（未就学児を対象に保育を行う）の増加に伴って、初等部や中等部、高等部を持つインター（ナショナルスクール）も増えており、現在は国内に50校以上ある。毎年１、２校が新設されており、今後も増えていくだろう」と言う[9]。

世界のインターナショナルスクール事情に詳しいISC Research社は、全世界でも２０１０年の６００１校から２０１７年までに９５３８校に増えたと報告している。７年間で実に60%の増加だ。さらに同社は２０２７年には現在の約2倍となる１０００万人の学生がインターナショナルスクールに身を置くと予想している[10]。

一口にインターナショナルスクールと言っても、そこで実践されているカリキュラムは多岐にわたる。国内だけでもアメリカ系、イギリス系、フランス系、ドイツ系、カナダ系、フィンランド系、トルコ系、韓国系、中国系、インド系、インドネシア系、ブラジル系など、多様な背景を持つ各種学校がある。

これら様々な国・地域のカリキュラムがあるなかでも、昨今注目を浴びているのが**ＩＢカリキュラム**であろう。紙幅の都合上、全ての国・地域のカリキュラムを取り上げることは不可能なので、ＩＢを参考事例として取り上げる。

ＩＢは「世界最高峰のカリキュラム」とも呼ばれ、全世界における同カリキュラムの実施校は２０１０年の２７６６校から２０２１年には５４００校と倍増しており、学生数も２００万人弱にまで達しているのだ[11]。

安倍晋三元総理大臣は、第二次内閣発足後、国内における国際バカロレア（ＩＢ）の導入校を２００校まで増加させることと、日本語でのＩＢ資格取得ができる履修プログラムの導入を政策として掲げた。前者はまだ未達であるものの１７２校にまで急増している。後者は比較的順調で、学校法で認定されている一条校が53校、インターナショナルスクールは39校に及ぶ[12]（２０２１年９月現在）。さらに、日本語で日本の国語を受講できる学校は、全世界で１９８校に上るのだ（ＩＢでは国語を母語で学ぶ必要があり、その体制を整えている学校が１９８校あるということ）。

　衰退する日本の文部科学省カリキュラムを尻目に成長著しいＩＢだが、筆者自身その教壇に立ち、その研修システムや評価方法を学び、教えている教師たちと触れ合ってみて、レベルの高さに舌を巻いた。文部科学省のカリキュラムと比したとき、嫉妬を覚えざるを得なかった。それは、「なんで、自分は幼い頃からこのカリキュラムで学べなかったのか」「このカリキュラムを教えられる人たちと早く一緒に働きたかった」という二つの嫉妬である。

　では、ＩＢがどのようなことを児童・生徒に課すか、少し紹介しよう。

　まずＩＢは、日本でいうところのこども園から小学生年代向けＰＹＰ（Primary Years

Programme)、中学生年代向けのＭＹＰ（Middle Years Programme)、高校生向けＤＰ(Diploma Programme)、社会人向けＣＰ（Career-Related Programme）に4分割されている。

ＰＹＰ段階では、全ての科目が六つの学際的なテーマにフレーム化され、縦横無尽の繋がりを見せる。六つのテーマとは、①私たちは誰ですか？　②私たちが今いる場所と時間、③私たちが自分自身を表現する方法、④世界の仕組み、⑤私たちが自分自身を整理する方法、⑥地球を共有する、といったものだ。自分が学んでいる教科が、どのテーマのどの部分にあたるのか理解しながら学習することができ、クラスメイトとの学び合いも活発に行われる。

ＭＹＰ段階では、8科目に大別された教科学習をＡＴＬ（Approaches to learning）という学び方の手法で支えられながら、自分の探究を深め、グローバルなものの見方ができるようにカリキュラム設計されている。

ＤＰは、6科目の教科学習と、知識の身に付け方・理論を学ぶＴＯＫ（Theory of Knowledge)、日本で言う卒業論文（Extended Essay)、ＣＡＳ（creativity、activity、service）という日本の課外活動のようなもので構成される。

高校3年生時に世界共通テストを受け、そのペーパーが一括して採点される（ＣＡＳなどそれまでの活動も含む）。それが45点満点で評価され、その点数をもって、大学に出願するという流れになる。

アメリカの大学進学を希望する場合、これに加えてＳＡＴ（日本の共通テストのような試験。主に英語と数学）とＴＯＥＦＬ（英語の試験）が必要になるが、イギリスやカナダ、オーストラリアやニュージーランドなどの大学は、この点数以外に試験はない。

40点以上あると、ケンブリッジ大学やハーバード大学が合格を認定してくれることが多いようだ。国内だと早稲田大学や上智大学が33点あたりで合格を出してくれている。

文科省カリキュラムとの違い

前置きが長くなったが、このカリキュラムのＤＰ国語（日本語）を担当していた筆者としては、日本の国語カリキュラムの数倍、ＩＢの方がいいと思っている。

日本の大学受験国語では、過度に難解な古文の単語や文法、漢文の句形を覚えさせる。それでいて、思想の中身に入り込まない。かといって、学んだ文法知識を駆使しても古文や漢文を原文で読むこともできない。本末転倒も甚だしい状況だ。

これに対して、ＩＢの母語国語では、①２年間で13冊の小説・戯曲などを読み込んで、読解の問題に答えられるようになる国語か、②2年間で4～6冊の小説・戯曲などを読み、広告やホームページの研究といったメディア論的内容、母語の言語に対して深く探究する言語論的内容などを学ぶ国語のどちらか一方を選択履修することになる。選択できる作家などいくつかの縛りはあるものの、読み込む作品は担当教師が決めてよい。もちろん、指導書のようなものは存在しない。

正直なところ、このカリキュラムを教えるのは、運動部の顧問など他の業務をこなしながらでは無理だと感じた。授業準備の時間が膨大に必要だからだ。自分でその作品や広告を読み込み、関連する文献・資料も手に入れ、熟読しまとめ上げる。そしてIBが求めてくるであろう視点からの作品論的読解に始まり、他作品との比較や作家が執筆した当時の社会背景からの考察などをした上でなくては、教壇に立つことは難しい。

いや、実際のところ、そこまでしていない実践者もいるのだが、その熱量や技量の低さはきれいに結果として表れる。担当する学問について全く学んだことがない者や、学校に担当者が一人しかおらず適当な指導に終始している者も散見される。このような教員に当たると、生徒は泣くことになるが、それは世界中どのカリキュラムでも一緒だ。

日本のカリキュラムと決定的に違うのは、「教員が授業でやったことがテストの正解」という評価のされ方がない点と、生徒の暗記するべき事項の少なさだった。生徒が生徒なりの論理で論じてもそれは評価される。鋳型に嵌《は》め込まれることは少ない。この自由度はやはり世界基準なのだろうと、ここでも嫉妬をしたことが記憶にある。

　世界のカリキュラムには様々なものがあると書いたが、イギリスが主として採用しているCambridge GCSEという試験に向けたカリキュラムがある。これはＩＢと比べれば暗記が多いという意味で、日本のカリキュラムに近いと言われる。香港の教育関係者などに取材をすると、「昔はＩＢをやめてGCSEに移る子も多かったよね。でも最近はインター校もIGCSEになったので、その動きも減ってきたけど」というコメントを聞くことが少なくない。これはIGCSEという母語が英語ではない生徒向けのカリキュラムがＩＢ寄りに設計され、暗記が得意な子にとってカリキュラム実施校を変えるメリットが減じたということを意味している。

　世界のトップ争いをする上で、学力という能力が一つの武器になることは自明であろう。その学力観が暗記一辺倒から、暗記＋思考力＋言語力＋行動力になってきたことはここからも窺える。この状況を鑑みたとき、また学術的成功やビジネスにおける成功を目標としたとき、日本の学校での学びは幼い頃からズレていることにならないだろうか。少なくともそういった危機感を持つ親・生徒がＩＢを始めとするインターナショナルスクールの門を叩いているといっても過言ではないだろう。

ちなみに、筆者が担当していたクラスの生徒たちの9割以上が英検準1級以上の英語力を擁し、外国人とのコミュニケーションも当たり前のこととして何ら気負っていなかった。その姿に頼もしさを覚えたものだ。

3　不登校特例制度の拡充

「義務教育段階では学校に行かなくても出席になるんだってな。ついにホームエデュケーションが始まるなあ」

記者時代の仲間からこのニュースを聞かされたとき、筆者は耳を疑った。しかし、真実であった。これは、２０１９年10月に文部科学省初等中等教育局長から各知事や各教育長などに向けて出された通知である(13)。

この通知によれば、不登校の児童・生徒でも指導要録上、出席にすることができるという。その趣旨として同省は、「不登校児童生徒の中には、学校外の施設において相談・指導を受け、社会的な自立に向け懸命の努力を続けている者もおり、このような児童生徒の努力を学校として評価し支援するため、我が国の義務教育制度を前提としつつ、一定の要件を満たす場合に、これらの施設において相談・指導を受けた日数を指導要録上出席扱いとすることができることとする」と説明している。

またそれは、「不登校児童生徒が現在において登校を希望しているか否かにかかわらず」行えるものだそうだ。保護者と学校との間に十分な連携・協力関係が保たれていることや、該当施設に通所または入所して相談・指導を受ける場合を前提とするといった適用時における4要件が書かれているが、現場教員の感覚からすれば、中学に進学する際、高校に進学する際「不利になっては児童（または生徒）が可哀想」だから出席扱いにするだろう。

この通達はこれだけでは終わらない。「民間業者が提供するＩＣＴ教材を活用した学習」をした場合、評価をすることも可能だとしている。家だけで行った学びにおいても通知表の「1」～「5」が付けられるということだ。

筆者個人としては、苦しんでまで学校に行く必要はないと考えているので、この方針には賛成だが、同時に学力の担保は検討材料にすべきだと考えている。これについては最終章での提言でまとめさせていただく。

なお、ホームエデュケーションやホームスクーリングと呼ばれる学習形態は、欧米各国や中国では普通の選択肢の一つである。既述した日本のものと異なるのは、学校に籍を置いたまま家で学習するという形ではなく、「自分は家で学びます」と宣言して、学校には籍も置かないところだ。つまり、日本は学校に在籍して登校することを前提としているが、諸外国では家で学ぶことを是としているという差異である。

フリースクール

学校という一本の流れからドロップアウトした子供たちが向かう先の一つとしてフリースクールが挙げられる。このスクールの在り方を見ていきたい。

フリースクールは２０１５年時点で、国内に４７４校設立されていた[14]。この当時、通学していた者の数は４１９６人であった。

２０２０年度「児童生徒の問題行動・不登校等生徒指導上の諸課題に関する調査（文部科学省）」[15]によると、不登校児童・生徒のうち、フリースクール等に通う児童・生徒数は、小学生が２８７３人と不登校児童・生徒全体の４・５％、中学生が４１９３人、同３・２％と微増はしているものの、彼らを救う場所としてのメインストリームにはなっていない。

とはいえ、フリースクールになら通える、と主張する不登校児が少なくないことも事実である。では、なぜ学校には行けないが、フリースクールには通えるのか。別教室登校の事例を併せてお示ししたい。

日本教育心理学会で報告されたフリースクールの実践的研究のなかにその質的検討を行ったものがある。そこでは、以下のように述べられている。少し長くなるが引用させていただく。

> フリースクールではイベントが用意されている日もあるが、多くの日を子どもたちは自分の活動内容を自分で選択し、それを実行することで過ごす。そこに公的な制度上の学校では中々学ぶことのできない、二つの学びが発生する。一つ目は、一日の活動内容が決まっていない自由の中で、自分のしたいことを選択していくことでの学び。二つ目は、選択したことを自由な場で実行することの学びである。

一つ目の、自由の中での選択する学びについて、制度上の学校では、時間割があり、進路についても幼稚園または保育園から高校まで進むことが前提として考えられており、そのための勉強をしておけば、子ども時代の大半を過ごすことができる。そこで起こる弊害が、「今自分は何をしたらいいかわからない」というものである。

これに対して、フリースクールを巣立つ子どもたちは、将来的なビジョンがより明確であった。それは、日々の活動で様々な選択の自由がある中で、自分に向き合い、自発的な希望を選択する体験が基盤になっている。

二つ目の、自由な場で実行する学びとは、選択したものを、どのように実行するか、どのような形で実現させ、そのためにどのように行動するかを考え、実際に行動に移すことでの学びである。

自分に《ママ》したいことがわかっていても、次は「どうすればいいかわからない」と行動に移せない子どもの声がある。それは、今まで制度上の学校では、実現の方法を、一定程度おとなが提示していたからである。しかしフリースクールでは、日々選択の自由があるとともに、選択したものをどのように実現させるか思考し、実行することで、その日の子どもたちの活動となる[16]。

また、別教室登校での実践事例としては広島県福山市立城東中学校の「ふれあいルーム」が参考になろう。

２０１８年、同校は学内フリースクール「ふれあいルーム」を開設した。教室で勉強をすることが難しい在校生が30人以上と多数に及んでいたことが開設理由だという。同ルームでは、何を学んでもよく、自分で一日の予定を立て時間を過ごしていく。料理をする子もいるという。ベテラン教員と経験豊富な支援員などを中心に運営し、生徒はこの部屋に通い、学び、ここから家に帰っていく。一般教室へ〝戻る〟ことを目指すわけでもなく、このルーム利用者以外の生徒と触れ合うことを推奨するわけでもない。

平川理恵広島県教育長の梃子《てこ》入れによって始まったこの取り組みは、県内外に広がっており、奏功した一つの形と言って過言ではないだろう。平川自身が横浜の中学校校長時代に同じ取り組みをしており、30人近くいた不登校児を7人にまで減少させた実績があり、例示した城東中学校でも、この部屋を確保することで年間12人の生徒が学校に足を向けることができたという。

あるいは、公共の施設が同じような役割を担うことも考えられる。２０１５年に鎌倉市図書館の職員が公式ツイッターで次のように呟いたことを記憶している読者の方も多いだろう。

「もうすぐ二学期。学校が死ぬほどつらい子は、学校を休んで図書館へいらっしゃい。マンガもライトノベルもあるよ、一日いても誰も何も言わないよ。９月から学校へ行くくらいなら死んじゃおうと思ったら、逃げ場所に図書館も思い出してね」

このツイートはたちまち話題になり、賛否どちらの意見も喚起した。賛成意見は子供の視点に立ったことを評価し、否定的な意見は、不登校を助長する恐れがあることや図書館の社会的意義に対して異を唱える内容だった。大半が前者で、1割弱が後者といった印象である。

それとは別の流れとして、児童館や支援団体関係者からも続々と同様のコメントが発せられた(17)。学校を苦にして未来を閉じてしまう若者へ向けた、大人たちからの温かい気持ちの表れであったと言えよう。

鎌倉市図書館のツイートにより、1人の若者が救われている。ツイッターから引用させていただく。

「学校が始まるのが怖い、と言っていた姪に見せてあげました。とてもホッとしていました。ありがとうございました」

また、長野県小布施町立図書館「まちとしょテラソ」では、オープン間もなくから、学校と町教育委員会・県教育委員会が連携し、不登校の子供たちが図書館で勉強することを登校扱いにするという制度が設けられている（2022年1月現在、同図書館を恒常的に使用している不登校生はいないが、制度は維持されているという）。

こうしたフリースクールや別教室登校には重要な側面が見られる。それは自己との対峙から、自分なりの自立と自律が醸成される可能性を持つという面である。この点は国も理解をしていて、不登校児童・生徒支援の基本的な指針として、「学校に復帰すること」を目指すのではなく、「社会的な自立を目指すこと」を重視するようになっている[18]。

ちなみに、不登校児童を最も多く受け入れている学外の組織は、病院・診療所14・０％であり[19]、保護者や教育関係者たちは、子供が持つ可能性や自立していく力よりも西洋医学での治療により〝治す〟ことを求めていることがわかる。不登校児は病気なのだろうか。

4　通信制高校の隆盛

昨今、通信制高校がその増加において、目覚ましい躍進を見せている。全日制・定時制に通う高校生の数は１９９０年５６２万人だったが、30年を経た２０２１年では３０１万人と大幅に減っているのに対し、同期間で通信制の生徒数は16・6万人から21・8万人に増えている。

学校数自体（全日制・定時制）も、１９８８年に５５１２校を記録してから下降の一途を辿り、２０２１年には４８６校にまで減っている。一方、通信制は１９７０年82校、１９８０年88校、１９９０年84校、２０００年１１３校、２０１０年２０９校、２０２１年２６０校と順調に増加している[20]。

通信制に籍を置く生徒には、どのような背景を持つ者が多いのだろうか。

本題に入る前に予備知識を持ってもらいたい。細かい分析になるが、通信制はその設置状況上、２種に区分される。一つは広域通信高校で、もう一つは狭域のそれだ。両者の違いは、入学できる範囲と設置者である。入学できる地域が３都道府県以上のものを一般的に広域、入学できる地域が学校のある県＋隣接する１都道府県に限定されるものが狭域とされる[21]。前者には私立が多く、後者には公立が多い。

加えて、入学試験の違いもある。私学法人立の多い広域通信制の方が、比較的楽に入学できると考える生徒が多い傾向が見られ、狭域通信制は面接が課せられることが多く、厳しいと受け止める生徒もいるようだ。

それでは、定時制高校ではなく通信制を選択する者に象徴的な背景について「文部科学省平成29年（２０１７年）度委託調査研究報告書　定時制・通信制高等学校における教育の質の確保のための調査研究」を基に考察していこう。

広域通信制では不登校経験者が66・7％、狭域では48・9％となっている。この項目は定時制では39・1％であり、最も大きな差となっている。

なお、「外国籍・日本語を母語としない」「ひとり親家庭」「保護者が両親以外の生徒（未成年）」「非行経験（刑法犯罪等）を有する生徒」「特別な支援を必要とする生徒」のいずれにおいても定時制高校を選択する割合が高い。また、障害のある生徒はその症状と通院の兼ね合いから、狭域通信制か定時制を選択していると同調査では分析されている[22]。

これらの数字から、心身に障害がある生徒ではなく、中学時代や全日制高校で不登校を経験した者が通信制高校に流れていることは明らかと言ってよいだろう。通信制も珍しくなくなり、高校を中退することの恥ずかしさも減退しているのではなかろうか。

通信制に移った生徒の例

筆者の関わった生徒のなかにも、全日制普通科を途中退学して通信制に移った者が何人かいた。彼らが全日制の学習に対して真面目だったとは思えないし、「怠惰な面がなかったか？」と問われれば、ほとんどの場合「あった」と答えざるを得ない。

しかしながら、それはある一つの学校のルールにおける怠惰さであって、その全日制に合わなかっただけのことも少なくない。

私が担任をしていたクラスにほぼ毎日遅刻をしてくる男子生徒がいた。成績は当然、芳しくない。数学などの積み上げ科目は壊滅的であった。何度も彼と話し合い、学習計画を作ったり、生活記録の書き方を指導したりした。学校に来たことだけで褒めたり、彼が寝る間も惜しんで没頭していたネットゲームについて知識を得て会話の端緒としたりもした。当然、約束を破ったときには叱ったこともあった。そんなとき、彼が言った言葉が忘れられない。

「先生、俺、頑張れないんすよ」

「そうなの？　でも、ゲームはガンガンやれてるじゃない？」

「だって、あれは簡単にヒーローになれるからさ」

真実の言葉だと思った。できるだけ僅かな労力でヒーローになりたいのだ。一人親一人息子の家庭で育ち、忙しく働く母親の背中を見つめる毎日。運動や勉強では日の目を見ることができなかった少年。その彼がヒーローになれるデジタルの世界。今の彼の居場所はあの画面の中だけなのだ。

赤点だらけで、ちょっと勉強したくらいでは追いつけない差を前にして、ゲームの世界を重んじる心理は正当だとすら思えた。「簡単にヒーローになれる」と言った彼の顔が清々しかったことも私の心を動かした。

定期考査の成績が良くなく、自動的に留年が決まろうとした頃、私は通信制高校を調べまくった。その結果、私なりの分析をして、広域の通信制を最初に除外し、２、３校を紹介できるようにしておいた。

数週間後、彼は私が紹介した通信制学校に編入することを決める。少し気の強い保護者だったので、「罵詈雑言をもらうかな」と身構えて、最後の面談を待ったことを記憶している。

「本当にありがとうございました」

保護者に最初に言われた言葉である。その最終面談の間中、感謝され通しだった。私が彼の将来について最適であろうと思われる進路を提示したこと、彼と正面から向き合って彼なりに納得をして退学届を出せたことなどをありがたがられたのだ。

不思議な心持ちであった。高校中退、そして通信制への編入で感謝をされるというのは、教育界のロジックでは極めて珍しいことだったからだ。

学校教育界には「進路保障」という単語が存在する。一旦引き受けた生徒はどこかしらの上級学校（高校の現場で言えば大学や専門学校を指す）か、就職先に進ませることを重んじる考え方だ。重んじると書いたが、これを義務と捉える学校文化も少なくない。

私も知らぬ間にその文化に染まっていた部分があったのだろう。だから、最後の面談に身構えた。だが、彼と彼の保護者とのやり取りを通じ、考えを改めた。生徒が最も成長できる学校、換言すれば輝ける場所に行くことが優先するに決まっている。勤務校の論理や文化など、生徒の未来と比べられるものではない。

事実、彼はその通信制高校に進み、自分の天職を見つけ、その実現のために専門学校を選び、今ではプロフェッショナルとして社会に貢献している。彼は顧客の前でヒーローになったのである。彼が仕事に関連することで悩み、真摯な相談をもらったときは、身体中に染み渡る喜びがあったものだ。

N高等学校

昨今の通信制高校を語る上でN高等学校の存在は見逃せない。同校は2016年に学校法人角川ドワンゴ学園が開校した学校だ。開校から5年で生徒数は1万5000人を超えて日本一のマンモス校になっている。

高校卒業資格の取得に必要な学習を好きな時間にできることはもちろん、部活や運動会、遠足（年3回）といった行事もネット上で再現していることが受けている。年に5日程度ある対面授業（スクーリング）と期末テスト（原則年１回）は通学を要するが、それ以外は全て自宅などから参加できる。現在は通学したい生徒向けのコースも用意されている。

同校主催のｅスポーツ全国大会で、同校のｅスポーツ部が優勝したり、２０２０年には東京大学への合格者を輩出したりと、質的にもその勢いは止まらない。

同校に在籍するスケーター・紀平梨花は「学校生活とスケートを両立できる学校がなかなかなくて、Ｎ高は合間の時間を有効活用して勉強ができたり課題ができたりするので、スケートにも集中できるというのがすごい良かったです（中略）普通の学校（授業）だと絶対に休まないといけないことがあるので、授業が飛んでしまって全然わからなくなってしまいました。今は遅れてもそこからスタートできるし、難しくても自分のペースで動画を見返したりできるのはすごい助かってます」[23]とその魅力を語る。

Ｎ高校は、２０１９年にはＮ中等部を開校している。中等部には２０２１年６月現在、１０００人以上の在籍生がいる。このＮ中等部が高等学校以上の注目を浴びるのは、学校教育法の一条校ではないという点だ。高等学校は一条校なので、卒業すれば高卒になる。が、Ｎ中等部は卒業扱いにならない。地域の中学校に籍を置きながら通う場所なのである。

同中等部では、「〝総合力〟を身につけ社会で活躍する人材を育成する」ことを理念とし、基礎学習だけでなく、課題解決学習、プログラミング学習を行っているという(24)。

普通の公立中学校も、総合力や社会での活躍、基礎学習や課題解決学習などを標榜しているし、実践している。両者は何が違うのか。

そのヒントがN中等部生の言葉に垣間見えるように思う。同校ホームページから引用させていただく。

Kさん「N中等部は自由度が高く」

Mさん「のびのびと自分らしくいられそうなN中等部」

Oさん「(N中等部は）自分のペースで勉強でき」

4人中3人が「自由」「自分」という言葉を使っている。一般の学校は、彼らにとって不自由であり、自分らしくないことを押しつけられる場所なのだ、と捉えるのは雑駁《さつぱく》な読解なのだろうか。

第二章 学校では学力は伸びない

本章ではより具体的に学力に焦点化し、学校ではその向上が難しいという分析を示していきたい。

1　目標と現場の現状との乖離

生徒の実態

まず、現在の日本の学校における「勉強ができる」という表現をしたときの勉強内容を考えておきたい。

２００８年に改訂された学習指導要領では、小中高いずれの校種においても「生きる力」が強調され、知・徳・体のなかで「知」については「基礎的な知識・技能を習得し、それらを活用して、自ら考え、判断し、表現することにより、さまざまな問題に積極的に対応し、解決する」（小学校）ものと具体化された。

これは、前年の２００７年に改正された学校教育法（30条）に示された習得すべき三つの学力の要素を踏まえたものである。

・基礎的な知識及び技能
・これらを活用して課題を解決するために必要な思考力、判断力、表現力
・主体的に学習に取り組む態度

暗記一辺倒の受験を改善し、若い世代が力強く社会を生き抜いていって欲しいとの願いがこのような言葉になったのであろう。

では、前半部分から見ていこう。「基礎的な知識・技能を習得し、それらを活用」とある。これが可能になるためにはいかなる力を身に付けておく必要があるだろうか。私の答えは**認知力と暗記力**である。まず、自分以外の場所に存在する情報を認知できるか否か。有り体に言えば、文字が読めるか、音が聞き取れるか、といったレベルの力である。

教員は特別なトレーニングを受けた者以外、この能力の向上を十分に達成させられない。なぜなら、認知能力に欠陥がある児童・生徒の向上方法など教職課程で学ばないからだ。また教職に就いた後もこの分野の学習ができる機会は多くない。

例えば、文章を読んでいて次の行に移った途端、どこを読んでいたかわからなくなる生徒

や、口頭で指示した内容をほとんど記憶できない生徒、緘黙《かんもく》傾向があってスピーキングが全くできない生徒や、黒板・ホワイトボードに書いた文字をノートに書き写せない生徒などを担当したとき、自分が指導者として何ができるか考えてみて欲しい。

我々のやれることは、課題を細分化し、できる限りその生徒のペースに合わせてマンツーマンに近い状態で向き合うことくらいしか打開策がないというのが本音だろう。


私は重度知的障害や知的障害、盲聾《もうろう》の児童生徒のことを言っているのではない。普通学級に座っている生徒のなかに10％前後、このような特性のある生徒がいるのである。この生徒らを落ちこぼれにしないよう奮闘しているのが、小中学校教師の主たる教科指導業務となっているのが現状で、そのレベルの子から平均的なレベルの子にターゲティングして授業が作られていることが多いように感じる。

つまり、**上位40％程度の児童・生徒はこの時点で、時間を持て余している**と言えよう。もちろん、優秀な生徒を「ミニ先生」として指導役や丸付け係として使うなどの工夫をしている先生方もいるのだが、できる子ほど、得られるはずの利益が薄くなっているのが実情だろう。「教えられること」が本当の理解だとか「協調性が身に付く」といった体のいい言い訳をしても、できる子が支払っている学費や平等なサービスの享受という観点からは、不平等な状況と言わざるを得ない。

次に彼らに対して、文字や記号の意味、計算操作の方法を覚えてもらう段階に入っていく。暗記力の弱い生徒はここで躓《つまず》く。前回の授業で取り上げたこともすっかり忘れている。また前回と似たような説明を繰り返し、少し先に進んで授業時間が終わるといった光景もよく目にした。

一方、成績優秀な生徒の集まる学校や塾ではこのようなことは起こり難い。前回の授業でやったことを忘れていたとしたら、忘れた者が悪いのである。また、カリキュラムの進度計画もきっちりしているので、停滞することはできないのだ。

他方、進度の速い学校はどうか。関西の名門・灘中学校では中学3年生終了時には高校3年生の範囲まで終わっている科目があると聞く。ここまで速くなくとも、一流進学校では、大抵、高校2年生までに高校3年生の範囲が終わっているものだ。大多数の一般的な学校との差は永遠に埋まりそうもない。

このような状況を把握していながら、文部科学省は、「自ら考え、判断し、表現することにより、さまざまな問題に積極的に対応し、解決する」ことまでを目標とする。理想はわかる。皆がそうなれば夢のような国ができあがるだろう。だが、大多数の児童・生徒はそのレベルにない。同省の目標は灘やそれ相応のレベルの生徒に適合するものではなかろうか。

つまり、〝勉強〟を定義しようとしたとき、いきなり困難な状況が発生しているのだ。**同じクラス内に、認知できるようになることを目指す子と、暗記できるようになることを目指す子と、考え判断できるようになることを目指す子がいる**のである。それぞれが無駄なく効果的な学習ができるとは考え難い。

元来、知識の効率的な吸収や学力の向上は、学習者が一人で、かつ最適な方法によって達成されるものだろう。自分と大きく乖離した知能・知識量を持つクラスメイトと相乗効果を生み出すのは至難である。

2　遺伝子の強い寄与度

暗記力は向上させられるか

さらに細分化して、暗記力は向上させられるのか、という点について述べていきたい。

結論から言えば、現段階では難しい、となろう。米国などでは暗記力を含めたＩＱ向上の取り組みなどが始まっているようだが、日本では未着手と言っていい。米国でも信頼に足る数的結果は出ていないという。

私はこの仕事をするにあたって、暗記術の論考や実践事例をいくつも読んだ。そのなかで、最も的確だと感じたものを参考に論を進めよう。

岩手大学の塚野弘明は暗記力について、認知心理学の観点から次のように分析している。

①人間の記憶容量には極めて強い制約があり、これ自体は訓練によって増加することはない。つまり、人間は基本的に記憶が苦手である。

②無意味情報の記憶には記憶術が有効であり、訓練することによって記憶容量を増加させることができる。しかし、訓練にはかなりの努力が必要であり、実際には限られた情報の記憶にしか用いられていない。しかも有意味情報の場合には記憶術は効果的ではない。

③有意味情報の記憶の場合、記憶しようとするより理解しようとする方が覚えられる。

④日常生活では、意図して記憶しようとするよりは、外部記憶メディアを効果的に使用

することで、できるだけ記憶しなくても済む工夫を行っている。

　こうした結果から考えると、「暗記力」とは、何か特別な方法を用いて増加させられるものではないように思えてくる。むしろ、極めてオーソドックスではあるが、繰り返すこと（リハーサル）によって、時間をかけて機械的に覚えるということではないだろうか（rote memory）。ということは、「暗記力」の差というのも、どれだけ時間をかけ努力をして覚えようとしたかの差ということになる[25]。

　塚野のこの指摘はかなり的を射たものと言えるのではないか。私自身、指導した生徒たちや講師として指導した聴講生合わせて約５０００人を思い出してみても、記憶力の良い子は元々いいし、悪い子は元々悪いという感覚が強い。

　特に高校生は、学校やコースが偏差値で分かれているため、その傾向が如実に表れる。自分に適した記憶術をマスターすることで最適な暗記をすることはできるが、元々記憶力に優れた生徒も自分に最適な暗記トレーニングをしていくので、差は簡単に縮まらない。

　具体的には、前回やった指導内容を忘れてしまう、再度繰り返しても夜になると一人では回答できない、といった子が、偏差値40を下回る学校では多数派として存在している。

信頼できる教育レベルと物理学の博士号を持った物理教師はこう嘆く。

「高校でやる物理はあまりに理論寄りですし、物理に興味がなく、能力的に高くない生徒に対して、必修科目である物理基礎を学ばせることが正しいことなのかすら疑問です。定理を教えても、その定理が生まれた背景に感動することも、知りたい気持ちもありませんし、簡単な公式の暗記も難しいですから。彼らのレベルであれば、生活に即した中学校理科を楽しく学ぶところまでで十分だと思います。正直、強引に物理を覚えさせることはかわいそうに思えてなりません」

高校生段階になっても、小学校に配当されている漢字や分数・小数の計算がままならない生徒は大勢いる。覚えられないのだ。

一方、東大京大・医学部医学科を狙うレベルの子だと繰り返しの時間など必要ないから早く先に進んでくれ、という知的好奇心を見せてくることも多い。無論、前回の授業の内容などほぼ完璧に暗記できている。

悲しい話だが、こちらがよかれと思って挟み込む雑談すら、前者の子たちはすぐに忘れてしまうし、後者の子は同窓会のその日まで覚えていたりする。

これは努力の有無の差ではないと理解する方がよいのではなかろうか。と言うのも、彼らは自分の暗記力のなさ、彼ら自身の言う「馬鹿さ」を努力不足と連関して捉える可能性があるからだ。彼らが努力をしなかったからできないわけではないし、後に東大などに進学する人々が小学生段階の暗記で多大な努力をしたり、暗記術を習得したからできるようになったわけでもないだろう。

まず、暗記力にも一定の才能があることを前提として、それぞれの学力の向上を目指す勉強を用意してあげる方が、その個人にとっても、社会にとっても、一教室にとっても利益に繋がるのではないかと思ってしまう。

我慢強さ

また、暗記力以外の重い要素である「我慢強さ」もゲノム（遺伝子情報）の影響が強い。

京都大学のビッグデータ医科学分野の西垣昌和特定教授は、その影響を次のように指摘している。少し長いが重要な提言なので、引用させていただく。

ゲノムがもたらす多様性（variation）は、社会学的な多様性（diversity）とは異なり、生物としての「形質」の違いを意味する。形質とは、肌の色、髪の毛の性状、身長の高低、といったような人間の特徴そのものであり、その中には、「疾患Aへのかかりやすさ」「症状Bのおこしやすさ」といったような疾患・症状に関する形質や、「薬剤Cの効きやすさ」「副作用Dのおこりやすさ」といった薬剤応答性に関する形質も存在する。

すなわち、ゲノムは、人体に生じる様々な現象の内的要因であることはもちろん、外的要因への反応の多様性に関連している。臨床においては、「同じ手術でも疼痛の訴えが多い人とそうでない人がいる」「Aさんは温罨法《おんあんぽう》が、Bさんは冷罨法《れいあんぽう》がより安楽だという」といったような、個人による反応の差異を経験する。このような個人差は、「個別性」として一括りにされがちで、場合によっては「我慢強さ」や「好み」といった曖昧な言葉で片づけられることがなかっただろうか。もし、これらの反応の個人差に、ゲノムが関わっているとしたらどうだろう。ゲノム情報をもとに、その人の反応を予測できれば、その人に適した医療・看護を、問題が生じる前に提供できる。それこそが、ヒトゲノム計画により現実のものとなってきたPrecision Medicine（精密医療）である[26]。

もし、西垣教授の見立てが正しいのであれば、我々教師や保護者が「あの子は我慢強い」と粗雑な評価を下していたものが、ゲノムによって関連付けられた反応だということになり、根性論に基づいた指導というものを減らすべきとの結論にならないだろうか。

もちろん、社会性を身に付けるためのマナーや基礎基本の学習のための指導は必要であろうし、子供の側の我慢も必要であろう。ただ、生まれつき我慢強く待てたり努力できたりする子と、そうではない子がいると認識することから始め、担当する生徒がどのような性向を持っているかを見極めなければ、教育がただの恐怖政治に堕するというのは言い過ぎだろうか。

こうした考察もせず、ただ怒鳴り散らす教員を多く目にしてきた私としては、こういう思いが強い。特に現場にいると、学校型の努力や我慢ができない子供を持つ保護者のなかに、真摯に自分を責める方に会うのだが、その度にこう思う。

家庭の中まで見たわけではないから一概に断じることは難しいが、両親が同じ兄弟姉妹でも、性格や能力が全く違うケースは多々ある。

3　幼少期の生活環境という因子の強さ

毒親の4分類

責任転嫁だと指摘されようと、ゲノムの次に重い要素は幼少期の生育環境だと喝破したい。

私が青臭い教員だった頃、親が無責任で全く家庭教育がなされていない子でも「俺の力で賢くしてやる」と息巻いていたことがあった。確かに生徒の偏差値を20〜30ポイント向上させたり、授業アンケートで好成績を残したり、在籍者全員が第一志望に合格できたこともあった。その過程で、彼らは自律すること、疲労や不安と向き合いそれを乗り越える力を身に付けていった。

同時に、毒親としか表現できない親を持つ子で、どうにも交流や改善ができない者もいるという現実を知っていった。その子たちは短期的に、あるいは中期的に頑張り続けられない。すぐに弱音を吐く。健康状態や精神状態が不安定、時として自傷他害行為をするという傾向が見て取れた。

精神科医である斎藤学は、毒親を4分類している。

①過干渉、統制タイプ：何でも先回りし、子どもに「こうすべき」と指示する親、**②無視タイプ**：ワーカホリズム（仕事依存）の親。ネグレクトも含む、**③ケダモノのようなタイプ**：暴言・暴力といった虐待、性的虐待などをする親、**④病気の親**：精神障害や反社会性人格を持つ親、である[27]。

このような親が事件を起こしたニュースを聞きながら、「なんで子供を産んだんだ」「責任持って育てろよ」「(子供が）かわいそう」とテレビの前で言うのは容易《たやす》い。我々教職の人間は、その被害者たる児童・生徒の気持ちを少しでも落ち着かせ、我々の考える健全な状態に近づけようと奮闘しなくてはならない。多くのパターンで、被害者である児童・生徒本人に嫌われながら。

というのも、子供は親が好きなので、虐待する親でも親の味方をするからだ。前記のレベルの〝猛〟毒となると、教育者だけでは対応が困難で、医療関係者や福祉関係者、時として司法関係者の力も必要になる。

これだけ多くの大人が関わって生活改善に勤しんでいる最中に、勉強をしろ、などとは言えないし、言ったとしても無駄だろう。

公立の小中学校には、このような家庭背景を抱えながら登校してくる子供が一定数いるものだ。高校くらいになると比率こそ減るが、それでも何人かは確実に在籍していると我々は身構えているし、悲しいかな、偏差値に反比例してその数は増えるように思われる。

特に③に分類されるだろう暴言を吐く親は少なくなかった。「何かというと怒鳴られる」とか「酔った父親がむちゃくちゃなことを捲《まく》し立てる」とはよく聞いた相談だ。実際に児童相談所に寄せられる相談の過半数が心理的虐待だとのデータもある(28)。

私の教師生活も「なんで子供を産んだんだ！　育てる気はないんか‼」という怒りを胸に仕舞い込み、そういう親と対峙する日々だったように思う。

児童相談所の限界

虐待事件が起きて悲惨な結末が報じられると「児童相談所は何をしていたんだ」と糾弾する傾向が見られるが、あれは全く核心を突けていない。

２０１９年、全国の児童相談所に寄せられた相談件数は54万件超、児童虐待相談の対応件数は19万件超と、どちらも過去最高を記録している(29)。１９９０年の対応件数は１１０１件だったので、約30年間で１７６倍になっているのだ(30)。

この件数を全国２２５の児童相談所、約１万５０００人の職員（そのうち児童福祉司４５

00人強、児童心理司1800人強）の体制で受け止めているのである[31]。担当する案件が被らないという前提に立って単純計算すると、1相談所あたりの相談対応が年間2400件以上、児童福祉司一人あたりの対応だけで年間120件、児童虐待事案が年間40件以上となる[32]。

児童相談所は、警察や社会福祉法人、学校や民間団体と連携して業務を行っているのが現状だが、それでも業務量は多い。1回の電話や訪問でも膨大な時間がかかることは容易に想像できるし、一つの案件を早々に解決できないことも自明である。また、虐待の事案や通報が深夜・早朝に成されることも少なくない。対応が手薄にならざるを得ない状況なのである。

さらには、その案件内容が現場の職員を苦しめる。正直、怒りと同情と切なさと、そして無力感に苛《さいな》まれる日々ではなかろうか。

「訪問するとさ、ジソウ（児童相談所）から来たって言っただけで、ぶち切れられることは多いよね。胸倉を掴まれたこともあるし、子供が悲しい顔して親の味方しちゃうことも多いし。何もできずに不幸なことになっちゃうと、正直シンドイなあって思う」

知り合いの福祉司は疲れた表情でそう語ってくれた。

子供の心や成長の助けにならない一時保護や誤認保護という問題も散見されるが、基本的には、その設立主旨に基づいた運営が成されていると言ってよい。

虐待の影響

我々教師も真剣に向き合えば向き合うほど、狂った親たちに苦しめられる。しかし、苦しんでいるのは子供たちに他ならないし、見えないところでは彼らの身体も壊れていっている。

福井大学子どものこころの発達研究センター教授・友田明美は、小児期に身体的虐待・性的虐待・ネグレクト・心理的虐待の被害経験を持つヒトの脳を、ＭＲＩ（核磁気共鳴画像法）を使って可視化し、脳の形態的・機能的な変化を調べた。その結果を示そう。

まず言葉による虐待（暴言虐待）について。物心ついたころから暴言による虐待を受けた被虐待者たちは、大脳皮質の側頭葉にある「聴覚野」の一部、特に上側頭回灰白質の容積が平均14・1％も増加していることがわかった。

これを受けて友田は、子供時代に言葉の暴力を繰り返し浴びることによって、人の話を聞き取ったり会話したりする際に、その分、余計な負荷がかかることが考えられると分析する。「生まれてこなければよかった」「死んだ方がましだ」など、暴言を受け続けると、聴覚に障害が生じるだけでなく、知能や理解力の発達にも悪影響が生じることも報告されていると言う。

肉体的な「体罰」でも脳が打撃を受けることがわかった。厳格な体罰（頬への平手打ちやベルト、杖などで尻をたたくなどの行為）を長期かつ継続的に受けた人たちの脳では、感情や思考をコントロールし、犯罪抑制力に関わっているとされる右前頭前野内側部の容積が、平均19・1％も小さくなっていたと同氏は報告している。さらに、集中力・意思決定・共感などに関わる右前帯状回も16・9％、物事を認知する働きを持つ左前頭前野背外側部も14・5％減少していたという。

これらの部分が障害されると、鬱病の一つである感情障害や、非行を繰り返す素行障害などに繋がると言われることを示した上で、「体罰と『しつけ』の境界は明確ではない。親は『しつけ』のつもりでも、ストレスが高じて過剰な体罰になってしまう。これが最近の虐待数の増加につながっているのではないか」と警鐘を鳴らしている[33]。

さらに、我々が目を逸らしてはならない事実がある。夫婦間ＤＶ（Domestic Violence：家庭内での暴力や攻撃的行動）を子供が目撃してしまうことの危険性である。ＤＶを平均4・1年間目撃して育った人は、視覚野の一部が平均16％減少していた。特筆すべきは、夢や単語の認知に関係する舌状回の容積が、身体的ＤＶでは3・2％の減少に対して、言葉によるDVでは19・8％の減少と6倍にもなっていたことだろう。人間の脳は物理的衝撃よりも言語的衝撃に弱いのだ。

この研究を受けて友田は次のように提言する。

「子どもたちは癒されることのない深い心の傷（トラウマ）を抱えたまま、さまざまな困難が待ち受けている人生に立ち向かわなければならなくなる。トラウマは子どもたちの発達を障害するように働くことがあり、それによって従来の『発達障害』の基準に類似した症状を呈する場合がある。子どもたちの発達の特性を見守るのが周囲の大人の責任であることを再認識しなければならない」(34)

この知見には強く賛同する。最難命題である大人の意識改革、換言すれば〝解毒〟に臨まなくてはならない時期がきているのかもしれない。

もう一つの毒親類型

前述の斎藤が見落としている毒親類型に、もう一つ重要なタイプがある。それは、親が親であることよりも、男や女であることを優先するタイプだ。子供と過ごす時間は面倒も見るし、教育費も出す。家事もするし、暴力を振るうわけでもない。が、不貞行為を働く。子供も年を重ねればわかってくる。女子だと小学校高学年から中学生、男子だと中学生から高校生の間に気がつくことが多かった。自分の親が仮面夫婦だとか、親が親を騙しているとかに。

「先生、うちの母ちゃん、不倫しているんだ。……親父は知らないけど」

と高校生男子から相談を受けたことがある。その子は、不倫はもう何年にもなるし、親と自分は違うから、と冷静に受け止めていたが、その事実を知った中学生のときは荒れた、と教えてくれた。学校教師としては、保護者を呼びつけて「不倫は止めなさい！」とも言い難い。彼らの話を聞くしかない。批判を受けようと切に願う、親になるときには、親になる覚悟を持って欲しい、と。

〝微毒〟親の問題

実は、この〝猛毒〟親と同程度に難しい存在が〝微毒〟親である。子供のことを愛していて、興味もある。食事も作る。しかし過去の親たちと大きく異なるのが、友達親子とか甘やかし過ぎの親の増加である。実は、高校生くらいの年代になると〝猛毒〟よりも、この手の親の方が厄介な面も多かった。高校生にもなると、〝猛毒〟を認知し、親と距離を取ることや反抗することもできる子が増えるのだが、〝微毒〟だと子供たちも搦め捕られていることが多いからだ。

彼らは文化祭や体育祭、授業参観となると学校に馳せ参じ、動画・写真撮影に勤しむ。そのための場所取りで他の保護者と険悪な関係になることも珍しくない。授業参観中に自分の子供に手を振り撮影のチャンスを狙う。そのことによって授業を中断させることになっても意に介さない。いつ、誰が、何のために見るのかわからない動画や写真を一通り収めると、スマホを弄《いじ》り出したり他の親と、あるいは電話でお喋りを始めたりする。

現場の教員たちはその場を丸く収めるため、奮闘したり、柔らかい諫言《かんげん》を学んだりするが、厳しく注意はできない。このタイプの親が教育委員会や管理職にすぐにクレームを付けることを知っていて、彼らは保護者の意見に弱く、保護者への注意がブーメランのように自分自身に突き刺さることを知っているからだ。そして教員たちは正義を失い、上司に付和雷同する存在として完成していく。

ちなみに、かつて私が研修の講師を務めていた際、「時間は守るべき」と主張していた校長自身が遅刻してきた。「校長といえども時間は守って下さい」と注意したところ、研修終了後にすぐさま教頭が飛んできて、「あれはない。私は引いたよ」と叱られたことがある。生徒には「遅刻厳禁」と言っているにもかかわらず。

〝微毒〟親たちは、親としての教育力が弱い。子供に嫌われたくないのか、物わかりのいい親振りを見せたいのか、進路などの重要事項について「子供の自主性に任せています」という伝家の宝刀を振りかざしてくる。それでいて、子供の社会的なマナー違反や嘘、怠惰をきちんと叱っていないから、子供は堕落した生活をしていたり、自分を律せなかったりするようになる。不登校や引きこもりが始まる一要因と言って間違いはなかろう。一言でまとめれば、「頑張れない」子か「我が儘《まま》な」子になっていくのである。

〝猛毒〟親の子たちは、自暴自棄になったり厭世観が強かったりするケースもあるが、親の毒を否定できる賢さを持っている場合もあり、「自分の人生を自分で作っていこう」「親は親、おまえさんはおまえさん。別の人格だよ」という助言や交流が成立する。

ところが、〝微毒〟親の子は親を否定しない。むしろ親に感謝していたりする。だから、親の意見・思想の傘の下から連れ出すことが難しい。先のアドバイスはもちろん、「今のままじゃ、目標実現できないぞ」とか「クラスのみんなのことも考えようよ」と促しても響かない。「受験は団体戦の要素があるぜ」と言っても駄目。最終的に、自己の利益だけを緩く追求し、結果が出ないパターンが多かったように思う。

4　学校教員の低レベル化が止まらない

4種の免許

日本の公教育では教員免許状を取得した者しか教壇に立ってはいけない。免許状を持たない者がどんなに良い授業をしたとしても、それは「授業」ではない。「授業」ではないから単位として認めることはできない、という論理になる。これを教育界では「免許状主義」と呼んでいる。

このことを知る多くの読者の方々は、自分やご子息・ご息女、お孫さんが教えを請うている先生は正式な免許を持っていると認識されているのではなかろうか。残念ながらそれは実際とは異なる。

正式の普通教員免許状を受けていない者が得られる免許（権利）に、①**特別免許**、②**特別非常勤講師制度**、③**臨時免許**、④**免許外教科担任制度**というものが存在する。

特別支援学校の教員免許を含めるとまた別の制度が存在するので、本書ではこの4種のみを紹介させていただく。

①**特別免許状**は１９８８年に創設されたもので、教員免許状は持っていないが、優れた知識経験等を有する社会人等を教員として迎え入れることにより、学校教育の多様化への対応や、その活性化を図るためにつくられた。都道府県教育委員会の行う教育職員検定の合格をもって「教諭」の資格が授与される制度である。

教員の普通免許状（専修免許状、一種免許状、二種免許状）との大きな違いは、大学で単位を取ることや、教育実習・介護等実習をすることなく、試験を突破できれば教壇に立つ資格を得られる点だ。

文部科学省の発表によると、２０１８年に特別免許状を受けた者は小学校教諭で13人、中学校教諭で58人、高校教諭で１２５人となっている。主にＡＬＴ、外国人講師、英会話講師、通訳者や翻訳者、看護師や助産師だった方が取得しているという。このような経験のある方が教壇に立たれることは、非常に好ましいことではある。各分野における知識・経験が豊富なため、同僚教員もその分野について安心して任せられることが多いからだ。

一方、今まで経験したケースに、元通訳者の教員で、英語科教育法を学ばずに、自分が成長できた方法一つのみを信じて、それを生徒に押しつける者がいた。常に自分のやってきたやり方が正しい、と言わんばかりの態度だった。当然の帰結として、生徒からは信頼されず、特に英語を苦手とする子からは嫌われていたことを思い出す。

②**特別非常勤講師制度**は特別免許状と同じ趣旨で、やはり１９８８年に創設された。両者の違いは試験の有無である。こちらは届け出制を採用しており、教育委員会が判断して授業を受け持ってもらう。登録制のアルバイトのシステムをイメージしていただければいい。この制度で登録した者は小学校教諭４２３５人、中学校教諭２５０５人、高校教諭１万２３２４人となっている。医師や看護師、通訳やネイティブスピーカー、調理師や栄養士が多い。

③**臨時免許状**は、普通免許状を有する者を採用することができない場合に限って募集される免許状の制度である。都道府県教育委員会の教育職員検定に合格することが求められる。臨時免許状を授与された者は小学校教諭３９３４人、中学校教諭１８３７人、高校教諭２２６８人となっている。

先の特別免許と臨時免許を比較すると、前者は後者に比べて僅かな数の人間にしか発給されていない。前者は制度創設から２０１８年までの30年間で１４７８件のみ。後者は２０１８年の一年間だけでも８０００人（小中高免許の合計）を超える[35]。

この違いはどこから来るのか。それは、臨時免許は安易に発給され易い制度であり、現場を回していくための教員人数合わせに使われてきたのである。

正直なところ、臨時免許状を取得するための教職員採用試験に落ちたという人に会ったこともなければ、聞いたこともない。申請をすれば受かる、という印象だ。行政側も、人繰りにおいて逼迫《ひっぱく》した状況を改善しようとしているのだろう。管見の限りにおいて、合格率を公表をしている団体はない。地方では特に人材が不足しており、市町村教育委員会から県の教育委員会に出される推薦文や人物証明書で判断し、臨時免許を出すのが一般的だ。教職を目指す大学生に臨時免許を出した事例もあったと聞く[36]。

④**免許外教科担任制度**は、ある教科の免許状を保有する教師を採用できない場合、１年以内の期間を設け、都道府県教育委員会の許可により、当該教科の免許状を有しない教師に当該教科の教授を担任させる制度である。文部科学省総合教育政策局教育人材政策課によれば、同制度は「昭和20年代に免許状を有する教師が全国的に不足する中で導入されたが、現在は個別の事情により、やむをえず生ずる配置のニーズを適時に調整するために制度を利用」している状況だという。事実、昭和40年代に７万件を超えていた同制度利用数は、２０１８年には１万４７７７人にまで減っている。

とはいえ、質はどうなのだろうか。私自身、公立中学生時代、英語科の教員に１年間社会を習っていたことがある。今振り返ると、彼は全くと言っていいほど社会科の知識がなかった。中国史についての造詣が浅く、黄河文明を同国最古の文明だと嘯《うそぶ》いていた。また、偏西風は中国で発生する、とも講じていた。そんな教員に長々とした講釈を聞かされ、彼の説明から外れる答えを誤答とされる教育が行われていたのだ。

こう概観すると、不正でこそないが、毎年3万人以上の〝非〟普通免許の教員が児童・生徒を教育をしていることがわかる。クオリティコントロールよりも数合わせが優先される時代なのだ。

正規の普通免許状を持つ教員の現状

では、正規の普通免許状を持つ教員はどうか。

まず、普通免許を持つ教員も2種に大別されることを知ってもらいたい。一つは正規採用の専任教員組。これは正社員をイメージしてもらえればいい。もう一つは常勤講師や非常勤講師、派遣講師たち。これはアルバイトを含む非正規社員をイメージしてもらいたい。

後者はさらに、正規採用を狙う人と自由な労働形態を好む人に分けられる。どちらにも共通しているのは、学校の運営に関わる事案や面倒なことは「専任の先生方でどうぞ」というスタンスだ。

正規採用を望むのであれば、管理職など学校経営者側に意見することは極力避け、静かにしているのが得策という判断が働く。生徒が怠惰・傲慢な態度を取っても、本気で向き合わずにその場をやり過ごす。専任教員の横暴や下劣さを見聞きしても怒りをしまい込み、行動はしない。自己の生活を確保することが絶対的な優先事項となっている。

自由な働き方を望む人々は、主婦業の傍らに教員をしている人、他にやりたいことがある人、引退後のベテランなどだ。彼らの多くはアルバイト感覚で、自分の担当業務が終わればすぐに帰宅する。最新の教科教育法など学ぶことはない。授業アンケートの結果も下位であることが多かった。

もちろん、時として高いレベルの教科教育を展開する方もいたし、情熱溢れる良教師もいた。私自身、何度も助けてもらい足を向けては寝られない方もいる。ただ、そのような方の割合は10％にも満たず、大学生のアルバイト程度か、それを下回る人が90％といったところだろう。

この非正規教員がどのくらいいるか、みなさんは想像がつくだろうか。

現時点で公開されている文科省調査は２０１１年までのものしかない。同調査によれば、２００５年に８・４万人（12・３％）だった非正規教員の割合は、２０１１年には11・２万人（16％）へと増加している[37]。仮に、この上昇スピードが線形を描いているとしたら、現在は20％を超えていることになる。これは公立校のデータであり、私立の経営状況が厳しいところだとすでに30％を超えている。

既述したように、非常勤講師や派遣講師は契約上、授業をしたコマ数に対して給与が支払われることが一般的で、担当する授業や業務に間に合うように通勤し、やるべき仕事が終わればすぐに学校を出てしまうことが少なくない。すると、朝や放課後に教科の内容を質問したくても自分の担当の先生がいない、という事態が発生する。この状況を改善しようにも教員になりたい人材もいなければ、少子化で予算もなく、専任教員の比率増加に着手することは難しい。

もし、進学する学校の質を確認したい方がいたら、オープンスクールなどで専任教員と非常勤教員の比率を聞いてみるといい。そこから経営状態も授業の質も垣間見えるだろう。

「正規採用の専任教員は優秀なのか」

私が教育関連の講演会でそう聞かれたら、たいてい「基準点によると思いますが」と前置きを入れる。先ほどまで述べてきた非普通免許の教員や非正規教員らと比較すれば総じて優秀であろうし、大手予備校の講師と比較したら授業は不得手であるからだ。

ティーチング能力以前の話でもある。

現場のまともな教師の悲鳴に耳を傾けると、小学校教員で算数・理科の内容が正確に理解できておらず授業ができない者がいるとか、中学校の新任教員で「生徒が自分の話を聞いてくれない」と場所を憚《はばか》らず号泣する者がいるとか、高校の数学教員で数学Ⅲレベルの微分積分がわからず生徒の眼前で誤答を繰り返す者がいるとか、高等学校の管理職で化学と生物の学問的深さの違いを認識できず理科教師だったらどちらも教えられると判断する者がいるといった話が、湧いて出てくる。

5　毒教員の増加

私のもとには毎日のように、破廉恥教員逮捕・教員による暴行事件発生・飲酒運転で教員を検挙といったニュースが飛び込んでくる。この数が増加傾向であろうことは皆さんも想像に難くないだろうから、本書では割愛させていただく。言うまでもなく、この増加は、生徒や、生徒の家族の人生に重大な負の影響を与えるため、根絶していくことが好ましい。また、犯罪被害だけでなく、生徒全体が大人や男性に不信感を覚える波及効果も無視できない。

書きにくいことだが、ロリータコンプレックスだから、その欲望を満たすために小学校・中学校の教諭になった者や、女子高校生が好きでたまらないから高校教員を続けている者を私は知っている。

小児性愛（ペドフィリア）は、世界保健機関（ＷＨＯ）やアメリカの精神医学会（American Psychiatric Association）の診断基準で、精神障害の一つに分類される。だからと言って寛容に捉え、子供のいる場所に入ることを許すのは危険だろう。刑務所や精神科クリニックにおいて、性犯罪者に対する「治療プログラム」を実施してきた原田隆之筑波大学教授は、性犯罪を犯した教員が「子供と接触する」機会を持たないようにするためにも、免許状の再交付はすべきではないことを求めている(38)。

アメリカや韓国では、性犯罪者の氏名・生年月日・住所・顔写真・目および髪の色・人種・犯した罪・狙われた相手の性別および年齢などが公開され、ＧＰＳ（Global Positioning System：全地球測位網）をも駆使して、国民を性被害から守ろうとしている(39)。一方で日本の刑事法の整備は緩やかだ。ならば、教育界が彼らと児童・生徒を触れ合わさないようにする手立てを考えることは必然と結論付けられる。

犯罪までいかずとも、倫理に悖《もと》る人間が教師然としていることは数限りない。筆者が若手の頃、「何かイライラするから、（生徒を）怒鳴ってこよう」と言って職員室を出て行ったベテラン教員がいた。また、修学旅行の飛行機内で、生徒が真横に座っているにもかかわらずアルコールを口にした教員も知っている。新人教員の採用面接試験中、携帯電話が鳴り、そのまま退席した主任教員もいた。

教師を目指す者は聖人君子たれ、とまでは思わない。それにしても、人様の子を預かって社会化させるという仕事をどのように捉えているのか。こんな教員たちに出会ったら正義感の強い子ほど不登校になるだろう。

6　ブラック業界としての教員業界

低下する採用倍率

業界の悪弊が知れ渡り、同時に少子化の勢いが強まるなか、優秀な人材、別の言い方をすれば教師に向いている人材が確保できなくなってきている。

教員採用試験の倍率を見て欲しい。２０２０年夏実施の公立学校教員採用選考試験で、小学校教員の採用倍率が過去最低の２・５倍であったことが、２０２１年２月４日、時事通信社の調査結果より明らかになった。同調査で中学校は４・０倍で、前年度から減少している。

一部の地域では極端に状況が悪く、小中高など全体の採用倍率が「山形県」２・２倍、「福岡市」「富山県」２・３倍などとなっている。小学校単体では「北海道」１・３倍、「長崎県」「福岡県」「佐賀県」「大分県」１・４倍である(40)。

周知の通り、国全体の景気が悪くなれば公的機関への就職希望者は増える。そうした傾向があるにもかかわらず、コロナショックを抱え、民間企業が採用を縮小した２０２０年の結果が先のものだと知っていただきたい。景気が回復したとき、教師希望者の数はどうなってしまうのだろうか。

新任採用の倍率だけではない。２０２０年、神戸市教育委員会は、管理職試験での筆記試験の廃止を決定した。その理由は昇任試験の競争倍率低下に他ならない。教頭では、２００８年度に小学校で５・１倍、中学校で８・８倍だったものが、２０１９年度にはそれぞれ１・５倍、２・０倍まで落ち込んだという。この低下について同教育委員会は、管理職希望者が採用を絞った世代にあたったことと、仕事が激務であることを分析結果として提示している(41)が、後者が大半であることは火を見るよりも明らかだろう。

管理職への着任を忌避する傾向は、これからより強まっていくと考える。生徒や授業から遠ざかる管理職業務は、教育者としての喜びを味わえないだけでなく、内外から大量のクレームが寄せられ、プライベートの時間を確保することも至難となれば、誰がそのような立場に憧れようか。

大多数の〝現場では二流以下の教員で権力志向だけは一人前の者〟か、一部の〝教育を良くしたいと心から欲する情熱を持った者〟のどちらかしか管理職にならないと断じて大きな齟齬はないだろう。私の経験からしても、九割以上の管理職が事なかれ主義で、上司に諂《へつら》い部下をコマとして扱う者だった。自分が生徒だった時代に最も軽蔑していた輩だと言い換えてもいい。

このような管理職が統べる組織で未熟な教員がまともに育つわけがないし、育ったとしても劣化版のコピーが生まれるのが関の山ではないか。

またこの採用倍率の低さを保護者や児童・生徒が知れば、〝誰でもなれる仕事・誰でも就けるポジション〟と認識されかねない。そうした対象に敬意を払うのは難しい。

ブラック業界としての実態

ブラック業界としての日本教育界を再度確認していこう。

２０１９年に経済協力開発機構（ＯＥＣＤ）が世界48の国・地域の中学校、世界15の国・地域の小学校を対象に、１週間あたりの教員の勤務時間を調査したところ、日本の教員の労働時間は小学校で54・4時間、中学校56時間と、ともに参加国・地域の中で最長であった[42]。また、東京新聞は「過労死ライン」にあたる月80時間以上の時間外労働をする教員が、小学校で56・4％、中学校で64・3％にのぼるという調査結果を報じている[43]。

このような拘束時間のなかで、授業のための準備をし、生徒を理解して最適なアドバイスができるよう勤しむ。担任であればクラスの行事やクラスで発生した問題に向き合い、生徒の人格を磨いていく。学校内の分掌業務を受け持ち、教務部なら時間割を作成したり、進路部なら生徒の進学先や就職先に挨拶回りをしたり、生徒指導部であれば問題を起こした児童・生徒と向き合い改善を目指したり、国際部であれば留学の準備をしたり、総務部であればＰＴＡとの会合を催したりしなくてはならない。部活を担当していれば、生徒の健康や安全に気をつけながら成果が残せるよう導く。親からクレームが来れば何時間でもその怒りに付き合い、同僚の教員が落ち込んでいれば手を差し伸べる。

無理だ。スーパーマンでなくては成立しない仕事量と質であることが、おわかりいただけると思う。

では、一人の人間でしかない我々はどう対処しているか。

そう、目先のモノから一つずつ解決していくのである。あるいは、優先順位の低いモノは記憶の外に置く。こうして、多くの場合、生徒指導案件と親からのクレーム、教員自身が好きなこと（多くの場合、部活か行事）に勤しむこととなる。

では、優先順位の低いモノとは何か。聡い読者の方はもう気がつかれたと思う。教科の準備が蔑ろにされるのである。学力という能力を引き上げる場所であるはずの空間において、授業準備はその他の活動に劣後するのだ。これでは子供の学力が伸びるわけがない。

数字で証明しよう。

勉強不足の教員

文部科学省は英語科教育において、英語教師に準1級以上の実力を求めているし、学習指導要領では「授業は英語で行うことを基本とする」としている。実態はどうだろう。

２０１８年段階では、中学校英語教員でこうした実力がある者は全国平均36・2％、高校教員で68・2％であった。「発話の半分以上を英語で行っている」としたのは、両校種とも60％未満である。

世界各地のインターナショナルスクール生を指導している一流英語教師は言う。

「英検準１級のレベルって世界では中の下ですよ。英語教師なら、取得して当然です」

私も同感だ。国語教師の私が英検準１級以上の英語力を維持しているのだから。既述したＩＢ校では、生徒のほとんどが英検準１級以上の合格通知を所持していたし、日本の一条校でも英検１級取得者や、ＴＯＥＦＬ、ＩＥＬＴＳで高得点を取っている生徒は少なからずいた。英検２級以下の力しかない者がどうやって彼らを指導できるのか。

英検２級レベルの者が準１級を取得するのに必要な時間を「英語学習ひろば」がアンケート調査している。２０２０年７～11月にかけて行われた調査で、有効回答者は６０７人(44)。結果は、平均３４０時間となった。英語で飯を食うことを自分で決めておいて、たった３４０時間も努力できない人間が英語を教えられるわけはないと思うし、生徒に道徳や人間のあるべき様を語るのは言語道断だと感じる。

難関国公立や医学部医学科の志望者を指導する際、週の学習時間の目安として、私は60時間という数字を提示するようにしてきた。平日５時間、土日祝日12時間が机に向かう基本時間で、これにプラスして通学や隙間時間の学習、学校の無意味な授業中に行う〝内職〟学習がある。このペースでいけば、６週間もあれば３４０時間は達成できる。

日々の業務に翻弄され、この時間を確保するのは難しいということもわかる。だが、この半分の量、毎日2時間半と土日祝日6時間の自己研鑽はできるはずだ。これでも14週間で合格可能だ。少なくとも私の敬愛する先輩教師、予備校講師、後輩教師、そして私自身も、これくらいの自己研鑽はし続けてきた。やって当然だと思う。だから、やらない人間への怒りがある。やらないのであれば、生徒に「頑張れ」とか「本気になれ」という言葉を吐いてはいけない。

国語科でも英語と同様のことが聞こえてくる。ある教員の集まりで、かつてのセンター試験や現行の共通テストで、何％得点できる力が国語教師には必要か、という議論をしたときだった。議題が提示された直後、50代のベテラン教員が、

「80％は厳し過ぎる。現在の状況に合ってないよ」

と言い放った。

「いや、生徒は7科目やっている子もいるんです。自分で選んだ科目で、教員免許を取って金をもらっているんですから、その勉強くらいして満点、少なくとも90％は取らないと駄目じゃないですか」

と私が切り返す。しかし彼は譲らなかった。

「あんたは厳し過ぎる」

の一点張りであった。その場にいた教員もほとんどが彼に賛同した。

20％以上も間違えるとして、それらの問題はどのように指導するのだろう。誰かが解いてくれた解答とその解説を音読して「覚えておけ」とでも言うのだろうか。

このような現場教員の体たらくは、中高生自身が強く感じていることだろう。だから、どの学力層の児童・生徒にも塾・予備校が流行っているのだ。塾には、生徒たちと世代が近く、話し易いお兄さん・お姉さんがいる。しかも彼らは数カ月前まで全力で勉強をしていたから、問題も解ける。いきなり二つの要素で学校教員を凌駕してしまうことがあるのだ。

ちなみに、私が受験指導を担当しているクラスで、「センター試験や現行の共通テストで何％得点できる先生に習いたいか？」と問うたところ、ほぼ全ての生徒が「当然、満点です」と答えた。これが生徒の嘘偽らざる感覚なのだ。

予備校の一流講師はと言えば、大学院まで進み専門的に学んできた人が多いし、毎日毎日、入試問題を解いて研鑽と研究を繰り返している。学校で他の業務に追われて、教科を放り投げている者が太刀打ちできるはずもない。

ついでながら、この状況はお隣の韓国でも起きているという。生徒たちは学校の教員を教科指導力のなさから軽んじ、塾の先生を信奉する。あるいは、いつでもどこでも学べるネット上の先生を信頼するのだという。

私が高校生のときも同じだった。ネットの授業はなかったが、実力のある先生の授業は聞いていたし、そういった名教師が予備校にいると聞けば、金と時間を使って教えを請うた。もちろん、〝役に立たない〟と判断した授業はサボったり、〝内職〟の時間としたりした。

7　場当たり的に弄られるカリキュラム・システムと覚悟なき改革者たちが生む混乱

高校のカリキュラム変更

まずはシステムの話から。２０２２年春から高等学校のカリキュラムが変わる。細かい変更は本論との関連が薄いので割愛する。主たる変更点として、高校の必修科目であった「国語総合」がなくなり、「現代の国語」と「言語文化」という科目になった。社会科の必修科目「世界史Ａ・Ｂ」「日本史Ａ・Ｂ」「地理Ａ・Ｂ」「現代社会」が、それぞれ「歴史総合」「地理総合」「公共」となった。さらに共通教科「理数」が新設され、「数学Ｃ」が復活した。

教育界のタイムスケジュールで言うと、２０２２年度向けの教科書は２０２１年の春過ぎに出揃う。各出版社から各学校に見本が送られてきて、それを比較検討して決定する、という流れだ。

全ての教科書に目を通した結果、国語科の変更は小さいものではないことを痛感した。「国語総合」時代は、現代文（評論と小説、詩歌など）・古文・漢文と大きく3分野立てだったものが、「現代の国語」では基本的に論説や記事といった文芸以外の文章のみを扱い、表現活動を増加させる一方、「言語文化」に小説・古文・漢文を配置するという区分けに変更されているのだ。文芸作品の内容面、取り上げられている作品には大きな変更はない。

「国語総合」は週に4コマの授業が標準とされている。学校のスケジュールは35週で計算するので、１年で１４０回「国語総合」を学ぶことになる。これが「現代の国語」は週２コマ、「言語文化」も週２コマの配当となった。

今までであれば、現代文・古文・漢文の配分を２：１：１か１：１：１にする学校が多かった。すると、評論文・小説にかけられるコマ数はそれぞれ最少23コマ強から最大35コマとなる。これが新カリキュラムでは、評論文が最大70コマ、小説が23コマ強となる。評論や記事など事実を扱う文章で学ぶ時間が倍以上に増加しているのである。

この変更は、ＩＢが文学作品を重んじるのとは真逆の方向に舵を切ったと言っても過言ではないだろう。だから改悪だというのではない。文章に書かれた事実を読み取れない子供が激増中なので、このカリキュラム変更もわからなくない。この子供の能力劣化問題については、本章15節で詳説する。

文章から事実や情報を読み取ることを求めたのだとすれば、納得いく改変だった。しかし、事実は違った。指導要領によると、「現代の国語」70コマ中、読むことに充てる時間は10～20時間に過ぎず、話すこと・聞くことが20～30時間、書くことが30～40時間の配当となっているのである[45]。読むことを苦手とする学力層の生徒を無視した変更に思えてならない。生徒からしてみたら、何が書いてあるか読めもしないのに、要約を求められたり、自説の発言を強要されたりする空間が国語の時間だとなりかねない。

もちろん、現場の先生方はこの指導要領の文言を無視して生徒に合わせた授業作りをされると思うが、書かれている内容や事柄を的確に捉えられない生徒に何かを書かせることや話させることの困難さを、カリキュラム設定者は考えていない。考えた上であえてこうしたとすれば、無責任と言わざるを得ない。

加えて問題となっているのが、文部科学省の判断だ。『現代の国語』に小説の入る余地はない」と説明をしてきたにもかかわらず、『羅生門』や『夢十夜』を掲載した「現代の国語」の教科書を検定合格としたのだ[46]。これでは、「現代の国語」と「言語文化」の差異化は難しいし、出版社はルールがわからないため、まともな教科書が作れない。

教育行政者たちがこのような、なおざりの決定や粗雑な計画・運営をしていては、児童・生徒の能力が適切に伸長し難いと言って間違いないだろう。

共通テストの問題

さらに問題なのは、センター試験を廃止し、２０２１年１月に実施された共通テストでは、すでに改変された問題が出題されている点である。

改変された内容は大きく二つ。

センター試験時代と同様の評論文を出題したのち、仮想学生がその文章の構成や内容、出典作品全体を読んでの考察をどうまとめたか適切な答えを選択させる問題や、文章を読んだのちに仮想学生が発表をしているという体で、内容をきちんと捉えられているかを選ばせる問題が出された。

小説分野では、やはりセンター試験時代と同様に小説を提示した上で、新聞に掲載されたその小説の批評文を読み込ませたり、仮想学生たちが読解や表現技法についてグループディスカッションをしているという設定を作り、適切なやり取りになるような文言を選択させたりする問題が出された。

なお、古典・漢文分野でも複数の文章を読み情報をまとめ、最適解を求めさせる問題が出されている。

つまり、カリキュラムの変更と同様に、一つのテーマに対して批評など複数の文章を読ませたり、他者の意見を論理的に想定したりする部分が増加しているのだ。であるならば、カリキュラム・教科書を先に変更して、それに伴ってテストを変更するのが正しい順序ではないか。

その一方で、共通テストにおける英語の4技能評価のための民間資格・検定試験等の活用、国語・数学での記述問題採用という案はいずれも水泡に帰した。このため現場の仕事は増え、授業内容は混乱した。

私の勤務していた学校でも、英語科教師に説明会参加のための出張に行ってもらい英検対策シフトを敷いたが、その業務は全て無意味なものになった。国語科・数学科にも記述問題に耐えうる授業内容に変更してもらうべく体制を整えていたし、一部でその授業を始めていた。受験での利用に加え、学習時間や対策時間を長めに取れれば結果が高めに出るだろうから、「英検は高校3年になってから受けた方がいい」と指導していた。これらは全て、大学入試での結果という意味では無駄になった。

大学入試改革はなぜ失敗したのか

なぜ、大学入試改革は失敗に終わったのだろう。当時の大臣によれば、「経済的な状況や居住している地域にかかわらず、等しく安心して試験を受けられるような配慮などの準備状況が十分ではないため」英語の民間業者利用は見送られ、国語・数学の記述問題については、「採点ミスを完全になくすところまで至るには限界がある」ことと、「自己採点の不一致を大幅に改善することは困難である」という採点の精度という観点から忌避されたという(47)。

この決定を受け、私は、関わった人々が本気で改革を行い、子供たちの力を伸ばそうとしてはいない、と受け止め失望した。

海外の大学に進学するのであれば、英語の試験（ＴＯＥＦＬやＩＥＬＴＳ）を受験するのは当たり前だし、その受験料が高額であることや受験地が限られていることの不平等は永遠になくならない。

私の経験でも、金持ちの生徒は海外留学をして英語力を伸ばし、貧困家庭の生徒は参加できずに学校で自習するということは珍しくなかった。学校に関わるシステムは親の経済力と相関し、格差を固定させる一面を持っているのだ。金持ちの子息が全ての教科で一流の家庭教師を雇い、ホテルにカンヅメで数カ月勉強し、慶應義塾大学に現役合格した事例も知っている。島嶼《とうしょ》部の学校に勤務する教員が研修を受けられず困っているという事例もある。私が広島県福山市に住んでいたとき、東京や京都なら手に入る良質の書籍が手に入らず難儀したこともあった。経済面、居住地域の差を埋める完全な平等などないという地点から始めるしかないと思う。

英語の外部試験に対して、補助金を出すとか、ネットでも受けられるようにするとか、各地域に出前試験会場を開設するとか、アイデアはいくらでもあったはずだ。

また、ＩＢしかり、中国しかり、フランスしかり、論述の試験は多々存在する。国内だって司法試験がそうだし、私立大学入試や国公立の二次試験でも実施されている。これも、採点について完全な平等や納得はあり得ないだろう。ＩＢの記述問題に関する採点も論理的に理解できないものは多かった。だから、少しでもミスが存在する可能性があるから、選択問題のみが最良のテスト方法だとするのはあまりに短絡的思考すぎはしまいか。

選択問題のみのセンター試験だって、毎年のように出題ミスはあるし、理科社会・語学など、自分が選択した科目と選択しなかった科目で難易度が異なり平等ではない。

しかしながら、文部科学省が２０２０年7～9月に行った全国の大学向けアンケート（全大学の91％にあたる６９９大学の約２２００学部が回答）では、「大学入学共通テストに記述式問題を出題すべきか」という質問に肯定的な回答をしたのは15％にとどまり、否定的な回答が84％に上ったのである。各大学個別の一般入試で記述式を充実させることには59％が肯定的で、否定的な回答は40％だった。法人別では、国公立大は80％近くが、私立大は52％が肯定的だった(48)。

国公立大学は学費が安く、地域における地位も確立されていて受験生が集まり易い。であれば、個別の試験で記述式を行えばいいと考える。私立大学の約半数は記述式を導入したら受験生が集まらなくなってしまうと危惧したか、採点する労力が確保できないと考えたと想像できる。

国公立大にせよ、私立大にせよ、大学生になるのに必要な能力とは何かという観点から逆算して受験制度を考えたら、このような結果にはならなかったのではなかろうか。

大学は、学生に必要な能力を本気で訴え、それが評価できる制度・カリキュラム作りを真剣にやらねばならない。それができない組織は、血税から捻出される私学助成金をカットするとか、国公立であれば強制的に法人統合すべきとは言い過ぎだろうか。

高等学校卒業程度認定試験の問題

杜撰《ずさん》な設定は、高等学校卒業程度認定試験と高校の必履修単位数の間でも起きている。

前者は「学校教育法第90条第1項の規定により、高校を卒業していないなどのため、大学等を受験できない者に対し、高校卒業者と同等以上の学力があるかどうかを認定する試験である。合格者には、大学・短大・専門学校の入学資格を付与している（傍点は筆者による）」[49]もので、最少8の受験科目を設定している。これを標準授業単位数に置き直すと20単位（1単位は週に1回授業があるという意味）となる。後者は74単位が最少の設定である。

前者のような国が一斉に行うテストと、学内でとにかく74単位を取ればいい必修単位数にはズレがあって当然だが、前者のテストは基本問題中心であり、4倍弱の単位差を吸収できるものではない。どちらも同じく上位教育機関（大学等）の受験資格になり、高等学校卒業程度認定試験が「高校卒業者と同等以上」というのは、不平等と言わざるを得ない（ただし、前者では高卒資格は得られない）。

小学校の英語教育の問題

小学校でも混乱は続いている。２０２０年度から小学校では「英語」が新たに科目として扱われるようになり、「プログラミング教育」も必修化された。

「英語が苦手だから小学校教員を選んだんですけどねえ」

私のかつての同僚はそう言って視線を落とした。

以前の小学校教師志望者は、子供が好きで、行事や体育、図工や音楽を通じて情操面を豊かにし、国語や算数を通じて読み書き計算ができるようにして、子供たちが社会に出ても困らないようにしたいと教壇を目指した。少し前の小学校教師希望者は、これらに加え「辛い状況にある子供に寄り添いたい」とその道を志した。

状況は変わった。英語を学び、社会的価値を高めることが求められ始めたのだ。プログラミング教育も同じ流れで捉えて支障はなかろう。確かに、中国も韓国も小学生から英語を学んでいる。縮小する内需と止まらない少子化傾向からすれば、世界共通言語である英語を学ぶこと、そしてそれが若ければ若いほど良いというのは、論理的整合性があるように聞こえる。

ただ、現在の体制を維持したまま、小手先の改革で状況が変わるとも思えない。現場の教員たちが、授業準備の時間が取れないほど働いていることはすでに述べた。さらに、もともと英語が得意ではない小学校の教員が大多数だ。中学校の英語科教員ですら及第点に至らない人間が大多数なのである。これを画餅と言わずして何をそう表すのか。

明治時代、日本が開国し欧米諸国の科学力に追いつこうと、工部大学校が創設された。現在の東京大学工学部の前身となる学校である。音頭を取ったのは伊藤博文だ。このとき、大枚を使って教員の半数ほどを英国から招聘したとされる。

もし改革をするのであれば、これくらいの勢いをもってする必要があるのではないか。教育は一朝一夕に結果が出るものではなく、小さな積み重ねが歴史を大きく変える。逆に言えば、小さなミスが積み重なれば、後の結果を大きくマイナス方向に引っ張るとも分析できよう。

シンガポールは２００８年から「フューチャースクール＠シンガポール」と題して、教育のＩＣＴ化を進めてきた。数学と母語以外は基本的にＩＣＴを用いるとし、学生全員がノートパソコンを使いこなせるようになっているという。現在は世界のなかでもＩＣＴ教育先進国として取り上げられることが多い。

この政策を始めて、教員の平均年齢が2、3歳下がったと教育学会で聞いたことがある。その理由は簡単で、年配の教員がその政策についていけず辞職したからだ。そうなることも為政者は想定していた、と同国の研究者は分析していた。私は、その説明を聞きながら強く嫉妬した。

日本は、どの業界もそうなのだろうが、ベテラン・老人の既得権益が過度に守られ、若年者の実力が正当に判断されず、権利も守られない。旧態依然とした文化を保持している学校はその典型例だ。

本当に英語力を身に付けさせたいのであれば、英語だけの環境に浸からせるしかない。また、日本語文化圏で日本の内需からのみ恩恵を受けてきた実力の乏しい教員に習ったところで金と時間の浪費だろう。

プログラミング教育の問題

「プログラミング教育」はより昏迷の度が深い。まず、必修化されたものの単独の教科ではない。他の教科や総合の時間の一部としてプログラミングを学ぶというものなのだ。したがって、設定された授業時間数というものも存在しない。さらに、同教育が児童のどのような資質・能力の向上に資するのか、授業を適切に設計・実施するために考慮すべきことは何か、といった点も明確ではない。

　確かに文部科学省は次のように目標設定を文字化してはいる。

「小学校におけるプログラミング教育のねらいは、『小学校学習指導要領解説 総則編』においても述べていますが、非常に大まかに言えば、①『プログラミング的思考』を育むこと、②プログラムの働きやよさ、情報社会がコンピュータ等の情報技術によって支えられていることなどに気付くことができるようにするとともに、コンピュータ等を上手に活用して身近な問題を解決したり、よりよい社会を築いたりしようとする態度を育むこと、③各教科等の内容を指導する中で実施する場合には、各教科等での学びをより確実なものとすることの三つと言うことができます。プログラミングに取り組むことを通じて、児童がおのずとプログラミング言語を覚えたり、プログラミングの技能を習得したりするといったことは考えられますが、それ自体をねらいとしているのではないということを、まずは押さえておいてください」(50)。

　これを読んで、現場の教員がそのねらいを理解し、実際の教育に結び付けられるとでも思っているのだろうか。仮にそれができたとして、社会全体のプログラミング能力向上に繋がると考えられるのはなぜだろうか。根拠を示すべきだ。

　一例として、中国で行われている情報教育がどのようなものか紹介したい。中国では「情報技術」と呼ばれる科目がそれに相応するが、２００１年からは高校、２００５年からは中学校、２０１０年からは小学校の必修科目として開設されている。小学校と中学校では共に年間最少68コマの時間数が確保されている。

　具体的なカリキュラムをご覧いただければ（次ページ）、日本が中国に10年以上遅れていることがおわかりいただけると思う[51]。小学校ではタイプライティングやファイル操作、３Ｄ画像作品制作やプログラミングを学ぶ。中学校では、位取り記数法を習得しコンピュータを組み立てるところから始まり、統計チャートの作成や調査データの編集処理、３次元モデリングやアニメーションを用いたアート作品制作、ＩｏＴ体験、コンピュータのセキュリティ、未来予想までを学ぶのだ。この後、高校では「人工知能入門」や「オープンソースハードウェアプロジェクト設計」、ひいてはアルゴリズムやモバイルアプリの設計といったことにも挑戦させていくという。中国の本気度が伝わる内容だ。改革をするならばここまでやるべきだし、そうでないのであれば、お茶を濁したマイナーチェンジで児童や現場教師を苦しめるのではなく、子供の遊びの時間や自然に触れ合う時間、教師の授業準備時間や余暇を

3～6年生（小学校）における情報技術の主題
1．私は情報化社会の一員である
2．「リトルタイピングエキスパート」挑戦試合
3．私はコンピュータの画家である
4．ネットワーク情報の真偽を区別する
5．コンピュータファイルの効果的な管理
6．プレゼンテーションソフトによる成果展示
7．情報交換とセキュリティ
8．私の電子新聞
9．レンズに映った美しい世界
10．デジタルサウンドとライフ
11．楽しい３Ｄデザイン
12．楽しいプログラミング入門
13．カラフルなプログラミングの世界
14．簡単なインタラクティブメディアデザイン
15．手作りおよびデジタル加工

7～9年生（中学校）における情報技術の主題
1．コンピュータを組み立てる
2．ホームネットワークの構築
3．データ分析と処理
4．私はグラフィックデザイナーです
5．２次元および３次元の任意の変換
6．私のアニメーションの作成
7．プログラミングの世界に足を踏み入れる
8．コンピュータを使って科学実験をする
9．ＩｏＴを体験する
10．オープンソースロボットの初体験

表　2017年、中国の小学校と中学校の情報技術教育の内容

出典）胡啓慧、野中陽一「中国の小中高の情報教育に関するカリキュラム体系の歴史と現状」（「日本教育工学会研究報告集」2021）

増やす方がよっぽど意味があると思うのだが。

なお、２０２２年４月から、高等学校の必修科目「情報Ⅰ」においてプログラミングやデータサイエンスを学ぶことになった。「Ⅰ」段階では基礎的なものを学び、希望者は選択科目「情報Ⅱ」を履修する。「Ⅱ」の段階ではプログラミング言語Pythonを用いてプログラムを作成し、統合、機能チェックをしつつ、問題発見や解決も求めるという。言わば「プロジェクト・マネジメント」を体験させるというわけだ。

理想は素晴らしい。だが、普通高校の全学生が「情報Ⅰ」をきちんと履修するというのはハードルが高いように感じるだけでなく、今までの情報科教員では教えられないだろう。なぜなら、「情報」を教えている公立教員５１００人のうち１２００人は「情報」の教員ではないからだ。コマ数の少ない「情報」科教員を専任で雇っている私立校も数少ない。多くの場合、数学理科や中学校技術科の教員が掛け持ちで教えてきたというのが現実である。

彼らはもちろんのこと、正規の情報科教員であっても「プロジェクト・マネジメント」やプログラミングを教えられる技量を持つ者は多くないだろう。このような状況があるにもかかわらず、必修化や大学入学共通テストでの科目化決定が成されている[52]。英語の外部試験導入や数学・国語の記述問題のときのように、生徒や現場を混乱させる結果にならないことを祈るばかりである。

8　教科書のレベルの低さと、それが生む堕落

世界各国の教科書の比較

日本の教科書で勉強をしていると、世界のトップ層と差をつけられてしまうことになるのではないか。私はそう感じるようになっている。事実、日本のトップと言っても誰も異論を唱えない数学教師、英語教師、予備校の講師はもちろんのこと、僭越ながら私も教科書を使った授業は基本的に行わない。私個人で言えば、勤務する学校のルールや文化に合わせるときのみ教科書を用いてきた。自分なりに自由に授業を作れる学校では、教科書を一度も開かず一年を終えていた。

なぜか。答えは明白。レベルが低いからだ。教科書の内容がわかっていれば、その科目がわかったことになるというのは無理がある。特に高校の国語は酷く、国語力が伸びるとは思えない。局所的な話をすれば、受験の内容すら網羅できていない。理科・社会・数学は内容が薄く、英語は読み物程度と言っていいだろう。これがわかっているから、ほとんどの進学

校では副教材を使いまくっているのだ。

各国の数学と理科の教科書を比較した調査がある。この調査は、日本とアメリカ、カナダ、イギリス、フランス、ドイツ、フィンランド、韓国、中国、台湾の10カ国を比較したものだが、次のように総括している。

「算数・数学の教科書は、日本は約２００ページであるが、ほとんどの国が２５０ページを超えている。（中略）３００ページに達する国もある」

日本のように薄い教科書であればあるほど、副教材を使用する率が高まることも併せて分析している。

各国の算数・数学の教科書の実態を受け、調査の担当者たちは次の六つの提言を行っている(53)。

Ａ　算数・数学の教科書の役割や教科書観を検討する

Ｂ　算数・数学を学ぶ意義を明示する

Ｃ　児童・生徒の多様性への対応を検討する

Ｄ　実世界との関連を積極的に取り入れる

E　他教科との関連を密にする
F　ICTを積極的に活用する

Aについては、「教科書で教える」のか、「教科書を教える」のか、「教科書を使ってもよい」なのか、「教科書を使わなければならない」のか、基本的な課題を検討すべきということだ。報告者の意見は的確である。このようなベーシックラインとも言える部分すら解決していないのが日本教育界の現状であり、改善すべき点だ。そして、その課題が解決したならば、教員にも生徒にも保護者にもわかる形で公にすべきなのだ。

それをしないから、「なんで教科書を使わないいんですか?」というクレームが発生する。例えば、太宰治の『走れメロス』を〝友情物語〟や〝成長譚〟として学ぶことを当然視し、なぜ太宰の傑作である『斜陽』や『人間失格』を学ばないのかを考えたこともない人々から。検定を行っている文部科学省、教科書の出版社、そして教科書信奉者が三位一体となって自己の思想を正当化する論陣を張るので、改革の機運すらないが、状況を冷静に客観視することを勧めたい。

Bについて、各国の教科書がその意義を言語化しているにもかかわらず、日本はそれに着手していないという危機意識の表れである。その通りだと感じる。「数学なんて使わないもん。なんでやらなきゃいけないの？」と言った訴えを生徒から聞くことは多く、現場の教員が自己流でその意義や必要性を説く場面はよく見てきたが、一定程度、共通する言葉があってもいいだろう。また、その言葉があれば保護者もそれを用いて子女と向き合える。文部科学省は何の検定をしているのか。最も大切な目標設定が見落とされているように感じられる。

Ｃの多様性について、イギリスやフィンランドがレベル別に教科書を変えていること、さらにアメリカやフランス、ドイツ、フィンランド、中国、台湾では練習問題のページが多く、児童・生徒のレベルに応じられるようになっていることからの提言だ。基本的に筆者も賛成である。日本のように全員が同じことを同じ時間内にできるように、という線引きをすると、このような柔軟性は損なわれる。最低限求めるものは決めておいていいが、各国のように自由度を持たせることを一考すべきではなかろうか。

Ｄについて、「ドイツでは豊富な実世界の内容が扱われ、カナダでは、実世界との関わりが深い離散数学や行列の内容が義務教育で扱われ、韓国でも同様の内容が高校で積極的に扱われ、フィンランドでは実世界の話題のための追加のページがあり、アメリカやフィンランドでは、実世界の問題を数学で扱うための方法としての数学的モデル化が扱われている」というから、日本の教科書はかなり遅れている。最新のモノを読んでみてもまだまだ、観念的に数学ゲームをしているように感じる。数学者の育成を目指すのであれば正しい教科書なのかもしれないが、実用性を提示しないと生徒に面倒臭さや苦手意識だけを生んでしまう。

EとFについては、カリキュラムや時間割に余裕のない現状では、すぐさま取り入れることは難しいだろうが、Dの観点と合わせて検討すべき点だと賛同する。

以上は数学の例だが、理科においても同様のことが言える。早急に解決すべき案件ではなかろうか。

義務教育と異なり、日本の高校の教科書は有償制度となっている。今の高校教育では義務的に購入させられているのが現実だろう。実は「適切な教科書がないなど特別な場合には、これらの教科書以外の図書（一般図書等）を教科書として使用すること」ができるとされている(54)。しかしながら、教科書を買わせていない学校は極めて珍しい。それは、今までがそういう文化だったからであり、高校教育現場の担当者たちが教科書の評価はもちろん、教科書なしの指導ができないからに他ならない。もっと言えば、前年までと同じ内容を教えることに甘んじているのである。

教科書が国の検定制度に支えられた正しいものとして存在しているから、教員は教科書を教えればいいとなる。これでは前記の問題は一つも解決しない。教科書が学ばない教員のためのテキストになっているとは笑えない実態だ。

「水の東西」問題

さらに、教科書には指導書というガイダンス資料が付いている。各出版社が関連資料や問題の解法、様々な命題や背景知識、板書の例や授業展開を提示している資料である。多くの教員が教科書とこの指導書のセットを用いて授業を成り立たせている。

教科書が良質で指導書も優秀であれば、それは効果的な手法とも言えるだろう。ただ、私が教科書と指導書を重視すべきではないと考えるのには、次のような経験があるからだ。

評論家・山崎正和作「水の東西」。読まれたことのある方も多い作品だろう。なぜなら、ほとんど全ての「国語総合」の教科書に長年掲載され続けており、新カリキュラムの「現代の国語」でもかなり多くの出版社が採用している作品だからだ。

これを学校教員は二項対立の形をした「評論」として教えることが多い。それは、教科書の目次欄が【評論（文）】【小説】というようになっていて、同作品が前者に分類されているからに他ならない。同じ出版社の指導書を使うから、同作品を〝評論〟として扱う分析を多く読むことになる。そして教壇に上がる。

この作品は断じて随筆である。私がそう言うのは、山崎本人がそう訴えているからに他ならないし、毎年数百本の論文を読み込む生活をしてきて、「水の東西」において論が構築されているとは考えられないからだ。

山崎は次のように嘆いている。

> どの教科書もあれを評論の部類に入れていらっしゃる。これは全く間違いです。あれは随筆なんです。評論というのはやはり結論が正確さを旨としていて論争可能な文章でなければならない。ということは、例えばある主張をする場合、筆者は自分で例外を見つけて、その例外がなぜ出てきたかということも説明して、あるいは予測される反論にもあらかじめ答える、これだけの準備をするのが評論なんですね。随筆はそうではない。思いつきの面白さ、その感想の面白さ。結論が仮に間違っていても面白ければそれでいい、これが随筆なんです。
>
> 「水の東西」という文章は、もし私があれを日本文明論、あるいは日本文化論として書こうとしたら、いっぱい隙があるんです。あれはもともと、「産経新聞」の夕刊の文化

> 欄に連載したものの一つですから、いわば娯楽読み物なんですね。それはそれで子どもに教えていいと思いますが、しかし、これは随筆だよと言って教えないと、将来、子どもが間違えます。だけど、どの出版社にお願いしても直してくださらない。ある出版社に聞いたんですが、一冊の教科書に評論が何本、随筆が何本と、こういうバランスに配慮しているらしいですね。それで、私のを随筆部門に移すとそのバランスが崩れるから評論扱いのままにさせてほしいというんです。あれはどう考えても随筆なのに、困ったものです[55]。

これは教育において極めて重大な提言である。傾聴しなければならない。娯楽として読んでもらうために書いた作品を、論証を終えた評論として教えるのは、学問的に大きなミスリードと言って差し支えないだろうし、真摯に研究し論評を行っている人に対しても失礼だ。中学理科における重力と引力を混同した科学的に正しくない説明も高い頻度で記載されたままだし、社会科で四大文明というものが世界共通認識のように書かれていることもしかりだ。

こんな事例が多々あるのだが、山崎が嘆くように、教科書を作っている人間は変更を、もっと言えば自分たちのミスを認めない。誤字脱字のレベルではない根源的なミスを認めない姿勢は、極めて罪深い。そして、無力な現場の教員たちはその構図に気づくことも、自分たちが間違えを教え生徒の論理性を減じていることにも無自覚なのだ。

こんな状況で学力など伸びるはずもない。ましてや、子供たちがこの大人の卑劣さに気がついてしまったら、多感な時期にある彼らが、その種の大人と交流することを拒んでも致し方あるまい。

量の問題

教科書の分量も、必要量かどうか疑わしい。

まず、国内だけに焦点化しよう。学習内容を教科書だけで理解できるのは、小学校から中学生の序盤・中盤くらいまでではなかろうか。高校入試を教科書だけで乗り切るのは甚だ難しい。学校から副教材を買うように指示され、大量のプリントが配られ、さらに塾でテキストの問題を解き、受験に向かうというのが一般的だろう。

ましてや大学入試を教科書だけで勝ち抜くというのは至難の業と言えよう。英語であれば、読解する量や出てくる単語の種類が足りなさ過ぎるし、数学でも問題量やそのバリエーションが少な過ぎる。国語は教科書で扱う文章の難度が低過ぎて、大学の入試問題で取り上げられる論説文の足元にも及ばない。

演習量は別の問題集で、と考えた場合、そちらの重要度が高まりはしないか。受験を重んじる学校などでは、高校・大学入試の過去問題を授業のメイン教材に据えることも珍しい話ではない。むしろ合格という短期利益を追求するならば、そちらの方が生徒から喜ばれる。塾や予備校では当然のことながら、検定教科書は用いない。

つまり、入試問題と教科書を使った授業を比したとき、すでに前者が求められているのが現実なのだ。

ここで本来考えるべきは、子供たちに身に付けさせたい学力とはどのようなものか、というシンプルな問いであり、その学力を測るテスト・入試問題にしなくてはならないという運用ルールではないか。教科書だけを検定で縛っていても、それを軽んじて使わないようにしてしまう大学入試の内容があるとすれば、教育の目的と方法が逆転現象を起こしていると言わざるを得ないし、高校・大学入試を重んじるのであれば、検定教科書など廃止してしまえばいい。

次に、海外に目を向けよう。欧米各国を取材すると、Ａ４サイズで６００～８００ページを超える教科書を持っている高校生によく出会う。まるで日本で言う図鑑のような厚さだ。なかを見せてもらうと、解説や解法、図説や図表がびっしり書かれている。実際に読んだことのあるアメリカの教科書は、読むだけで教養が身に付く良書であった。同国には統一的なカリキュラムはないし、教科書検定の制度もない。だから、教員によって実力も取り扱う内容もまちまちになる。

　つまり、日本はそのような状況を避け、一定の均質な商品としての教育を行おうとし、国民の能力の均一化を図ろうとした。その結果、薄くてミスの多い教科書と、どこに行っても代わり映えのない授業に落ち着いていると言えるかもしれない。

　しかし、先に述べたようにＩＢの国語（母語）教育は教科書がない。私はこれで何の不都合もなかったし、日本の中学で文部科学省カリキュラムの下、教科書による授業を受けてきた生徒からも不満は一切出なかった。彼らの能力伸長も十分に達成できたと考えている。

9　カリキュラム全体のバランスとその進度を想定できる人間がいない

コマ数が足りない！

「社会科は明治維新までで、それ以降はやってないな」とか「うちの高校は一週間に数学が8コマある」といった話を聞いたことがある方は多いだろう。実際に経験された方も多いのではないか。そう、文部科学省の提示する標準単位数では、カリキュラムが終わらない設定になっているのだ。

カリキュラム作成者が現場の状況を理解せず、机の上で弄りまわした結果と断じてもよい。学校運営をしている管理職が、学問を軽んじているという面もある。

単純に全くコマ数が足りないという点について述べていこう。

中学校社会科は、中1が週あたり3コマ、中2も3コマ、中3が4コマの学習をすることになっている。一般的な教科書は、歴史分野と地理分野が300ページ程度、公民分野が250ページ程度である(56)。合計850ページ。3年間の授業数は350回。すると、一回の授業で3ページ弱を消化しないと終わらない計算になろう。

なお、授業数350回を成立させている学校は少数派である。なぜなら、昨今の緊急事態宣言や異常気象による警報が出れば学校はすぐに休校措置を取るし、体育祭や文化祭、修学旅行や林間学校といった行事とその準備で授業は潰れたり短縮になったりもする。さらに健康診断や定期考査の返却授業、生徒が倒れるなどの不測の事態も考慮すると、規定のコマ数を確保することは難しく、カリキュラムの消化は不可能だ。

私が勤務していた関西の有名私立大学附属校などは、年間35コマの授業をしなければいけないところ、行事を優先して26コマしか行わない年もあった。この計算でいくと、中学社会を260コマで終えなくてはならないこととなる。一回の授業で3・3ページである。発表や調査学習、話し合い活動などを盛り込めば盛り込むほど、進度は遅くなる。そのなれの果てがカリキュラム未消化に繋がるのである。

高校はどうか。高校数学Ⅰは週3コマ、数学Ⅱが4コマ、数学Ⅲが3コマ、数学A・B・Cがそれぞれ2コマずつの合計16コマとなっている。この合計16コマという設定は2021年度以前と変わっていない。

さて、これで大学での学習に通用する数学力が身に付くか。いや、大学入試を勝ち抜けるか。否。受験に携わってきた方なら当たり前と思うだろうが、３年間で合計21コマ程度を確保しなければ、普通の学生に高校数学を定着させることは難しいだろう。

すると、現場はどう対応するか。

①標準コマ数より多い数の授業を最初から時間割に組み込む、②放課後や夏休みなどの長期休業中に特別授業を行う、③オンライン授業や通塾の斡旋、外部講師に委託する、④何もせず生徒の自主性に任せる、といったところだろう。

①②で教員の超過労働が増えることも、③で学校の信頼が損なわれることも、④で生徒が「自己責任」を突きつけられ、苦しむこともわかって設定しているのだ。

さらに、新しい教科・活動が詰め込まれる現状もある。小学校での英語やプログラミング教育がその好例だろう。現場は苦心して、15分の学習を週３回の朝学習で行うことで授業１コマ分としてカウントしたりするなど「やりくり」をしている状況だ(57)。

英語が小学校で必修化されたのは２０２０年度だった。しかし２０１７年当時の調査で、年間９８０コマの標準授業時間数（小学校５年生）のところ、全国平均で同１０４０コマ行っていた(58)にもかかわらず導入したのだから、何かの時間が足りなくなることは自明だった。

　現在、小学校6年間の授業時間数の総計は5785コマで、1980〜2001年度と同数に戻っている。2002年度から週休2日制が取られ、総授業コマ数を5367コマに減少するという「ゆとり教育」が実施されてきた。が、学力低下を危惧する数々の批判を受け、「ゆとり教育」の事実上の撤廃を含んだ2013年の学校教育法施行規則の再改正により、土曜日も授業を行ってよいこととなっているのだ。

　しかし、現場に混乱は残った。一度土曜日を休校にしたものだから、中学校では土曜日に部活動の公式戦が組まれたり、働き方改革で教員の生活を確保したりするなど、土曜日授業が難しい学校も多いのだ。2018年現在、小中学校どちらも73・7%の学校が土曜日授業を実施できていない(59)。

　すると当然の帰結として、週に2コマ分程度扱う内容が増え、平日の授業では前記のウルトラCのような方法を選択せざるを得なくなる。3日に3分割した15分の授業が児童にとって効果的かどうかといった検証は行われない。教員からしても、業務の量も種類も増加している。ゆっくり授業を進めて、きちんと理解させ学力を伸ばすという目的は見失われているのだ。

科目間の連携が行われていない

質的にもカリキュラム全体を統括できる人間が存在しない。高校数学と高校物理の連携がないことはその典型だ。例えば「ベクトル」は、数学では一般的に高校2年生で履修する数学Bで習う。だが、物理では、高校1年生に配当されがちな物理基礎で「速度ベクトル」を学ぶことになる。「三角比」を学ぶのは一般的に高校1年生の数学Iだが、同じく物理基礎で早々と「力の分解」が登場してしまう。

つまり、数学的概念を履修する前に物理科目でその概念が登場するため、物理の教員が数学的説明からしなくてはならないか、その部分を飛ばして数学の授業で既習するのを待つという事態が発生してしまうのだ。

このような科目を超えた連携ができていないことは、様々な場面で見られる。

中学国語で習う国文法における品詞で、名詞は「主語になるもので物事の名を表す」、代名詞は「主語になるもので物事を指し示す」としか教わらないにもかかわらず、英語では急に「目的語になる」品詞として教わる。両科目の教員は、その内容はもちろんのこと、どのタイミングで生徒がその内容を教わっているのかも知らない。

同教科内の縦の連携も行われていない。小学校から中学校、高等学校まで同じように、社会科の歴史科目で、石器時代から時系列的に学んでいる地域も未だ存在するというのがその一例だ。中学理科と高校の物理基礎でも「物体の運動」「オームの法則」「仕事とエネルギー」などは同じ内容が繰り返されている。

意図的に繰り返し学習をさせているのでないなら、こういった縦軸を輪切りにしているようなカリキュラム設定は改善すべきである。

先に書いた科目間連携のなさと併せて俯瞰すると、縦割りどころか賽《さい》の目切りに学ぶ内容が切り取られ、無自覚に配置されているようにすら映る。

このような非効率な状態が常態化しているのは、各学問分野の既得権益争いの産物とも言えるだろうし、初等教育から中等教育までの学習内容を網羅的に見られる存在がいないということの証明とも言える。

とはいえ、ＩＢなどではより学際的に学ぶこともできているし、高校生段階では科目を六つに絞ることにも成功している。やってできないことはないのだ。理科や社会科などは毎秒学ぶべきことが増える。そういう科目があるとすれば、「学ばなくてもいいこと」もきちんと考える必要もあるのではないだろうか。

10　優秀な子供が死んでしまう制度

「吹きこぼし問題」「落ちこぼれ問題」

社会を大きく進歩させてきた能力の高い者たちの存在は認めざるを得ない。アルキメデスしかり、ニュートンしかり、アインシュタインしかり、エジソンしかり。国内でも湯川秀樹をはじめとする研究者たちや数多くの発明家たちなどが人類史に貢献したことは誰が否定できようか。

ここまでの巨匠ではないにせよ、能力の高い者、結果を出せる者を社会が認めなくてはいけないと私は考えている。戦後の義務教育では、基本的に飛び級も留年も許されてこなかった。同じ年齢の子を集め、同じことを学ばせるのが「平等」だというのだ。

この「平等」思想はある一定の効果を生んだのだろう。多くの均質な労働者を作ることに成功し、一度戦争で負けた相手に対しても経済的に追いついた。世界的に見てもマナーと礼儀ができている民族でもある。

ただ、この「平等」政策が制度疲労を起こしていることは、明らかだ。既述した不登校生徒はその典型例であろうし、後述するいじめ問題も連関する。

それらとは別に本節で訴えたいのは、能力面である。少子化の勢いが止まらず、国家の経済力が減退する昨今、個々の能力向上が必然的に望まれる。しかし、現行の制度では優秀な児童・生徒は能力の低い生徒に合わせたペースで歩みを遅め、能力の低い児童・生徒は難解で理解できないにもかかわらず授業時間と教室に縛り付けられる。「吹きこぼし問題」と「落ちこぼれ問題」である。

ギフテッドと飛び級制度

同年代の子供と比較して、能力面でプラス方向に大きな優位を持っている子のことを「ギフテッド（Gifted Children）」と呼ぶ。一般的には、知能指数（ＩＱ）の分布がベルカーブ状[60]になるという想定のもとで、ＩＱ１３０以上がギフテッド（gifted）で約２％、ＩＱ１４５以上が著しいギフテッド（profoundly gifted）で約０・１％の分布とされている[61]。

ＩＱは平均値が１００になるように設定された心理学的測定方法だ。先進国を中心に信頼度が高く、この数字を基に特別支援が必要かどうかの判断がなされる。

ＷＨＯ（World Health Organization：世界保健機関）によるＩＣＤ（International

Statistical Classification of Diseases and Related Health Problems：国際疾病分類）最新版によれば、ＩＱ70未満を「知的障害」、ＩＱ70～84を「境界知能」として認定する際の指標としている。なお「知的障害」の出現率は２％程度、「境界知能」は14％程度とされている。

「知的障害」者向けの特別カリキュラムや施設が整備されていることは読者の方々もご存じだろう。十分な体制ではないにせよ、対応策が考えられてきたことの証明だ。

ＩＱがベルカーブを描く以上、「知的障害」児と同じく２％程度のギフテッド児が毎年生まれていることは事実だ。だとすれば、彼らにも特別なカリキュラムや場所を与えることを考えるべきではないのか。

次のような事例がある。11歳で大学を卒業した才児ローラン・シモンズ君。４歳でベルギーのオーステンデにある小学校に入学し、６歳で卒業した彼は、当時受けたＩＱテストで、測定可能な最も高いスコアを叩きだした。

進学した高校での生活について彼は「高校の最初の１カ月は他の生徒と一緒に授業を受けたが、僕もクラスメイトもイライラした。みんなは僕がどんな問題にもすぐ答えるのが気に入らず、僕はそんなみんなが気に入らなかった。学校が個人授業をしてくれるようになってからは、いろんなことがうまく運び、8歳で卒業した」と述懐している。

最初に入ったオランダの大学を２０１９年に中退して、２０２０年４月からアントワープ大学で物理学を学び始めた彼は、特に量子物理学に興味を持つようになり、他の課程を全て中断して物理学に集中することを決める。２０２１年６月に物理学の学士号を取得し、11歳で「優等」の成績で大学を卒業したという。現在は、不老不死の研究に着手しており、イスラエルやイギリス、アメリカなど他の大学とも共同研究を行う計画を立てていて、「将来はアントワープ大学で博士号を取得すると思う。その後は自分の研究所を持って、思う存分、研究に打ち込みたいと思っている」と自己の未来像を語っている(62)。

桁外れに優秀な子はいるのだ。その能力をより大きく育てていくことが彼らにとっても我々にとっても幸せなのではないだろうか。とはいえ、国内におけるギフテッド研究はまだ十数年の蓄積しかなく、現場の制度に彼ら能力者を押し込めている状況だ。

アメリカのギフテッド研究は１９４０年頃からその成果が見られる。そこには単純に彼らの高い能力を礼賛し、保護しようという視点ばかりではなく、難しさを乗り越えようという知見すらある。

彼らのように能力の高い子が、他者の理解の遅さに耐えられず一般的な子供の人間関係や学校環境に不適応を起こすこと、発達障害を持っているケースが少なくないこと、能力が一律に高いわけではなく、数学は得意だが言語は苦手というようなケースがあること、集中力が高過ぎてそれを遮られることに極度のストレスを感じることなど、ギフテッド児の生きづらさなどを考えるべきといった知見だ。

他にも、ギフテッドの創造性が一般学生の計画を阻害したり、秩序や体系を重んじる姿勢が一般学生からは〝支配的〟に映ったりすることも報告されている(63)。

一般の学校の枠に彼らを閉じ込めることが難しく、また多大な労力を必要とし、必ずしも一般学生に好影響を与えるものではないということが、おわかりいただけるだろうか。

中程度の能力の児童・生徒はさらに議論の俎《そ》上《じょう》に載らない。しかし彼らだって、学校において自分の最適なペースで学習している者は少数派ではなかろうか。

私が受験勉強を教えてきた公立の中学校出身者でも、高校1年生の間に古文と漢文の全範囲を終わらせることは可能だったし、高校2年生終了時に英語や化学を難関大学に合格できる水準にまで引き上げている子は珍しくなかった。小学校講師時代を振り返れば、小学校1年生時に分数の問題が解ける児童はいたし、小学校入学時にかけ算九九を完璧に暗記している子も多かった。

ローラン・シモンズ君が享受したような飛び級制度は多くの国で設けられている。アメリカもカナダも、ベルギーも中国も小学校段階で飛び級・留年制度を設けている。認めていない先進国の方が少ないのではないだろうか。自分の能力にとって適切なレベルとペースで学習することが最も効率的なのは、火を見るより明らかだろう。

実際に、飛び級を経験した生徒の71％は「飛び級して良かった。素晴らしい経験となった」「もっと大きく飛び級」がしたかったなどその選択に満足しており、全米ギフテッド協会は、「no evidence that acceleration has a negative effect on a student’s social-emotional development」[64]と飛び級が児童・生徒の社会性の発達に悪影響を及ぼす根拠はなかったと分析している。

無論、同協会はギフテッド教育を推進したい団体なので、この主張は冷静に受け止めるべきであろう。だが、管見の限りでは統計的に有意な悪影響も見られないし、学力伸長において効果的だとわかる。

私の教え子の例を紹介したい。

中学入試向け予備校の最上位クラスの子供たちだった。小学4年生20人。後に東京大学や東京工業大学、一橋大学や医学部医学科に進学することになる優秀児たちだ。70分2コマの授業は滞りなく進む。笑いも多いし、問題を解くスピードも速い。取り上げていた文章は新書からの引用だったが、読解の深さとしても申し分ない。肌感覚では高校3年生の模試でも偏差値50は取るだろうと思えた。

政権交代があった次の回の授業終了時だった。

「先生、このね、大臣が言っている政策を説明して欲しいんです」

と男子が手を挙げた。

「いいけど、帰りが遅くならないかい？」

「大丈夫です」

と彼が答えるや否や、他の子たちも、

「僕も！」

「私も残る！」

とほぼ全員が授業延長を希望したのだ。

元新聞・雑誌記者の私としては、社会に眼差しが向いていることは嬉しかったし、彼らの熱意に絆《ほだ》されたのも事実だった。その延長授業は30分以上に及んだ。

誰もが私の一言一句に聞き入っているようだった。一通り終わると、最初に申し出た児童が、

「ありがとうございました。とてもよくわかりました。学校の先生は教えてくれないから退屈で」

と言った。またも、他の子たちが同調していく。

そのクラスには、ものの数分間、表や教科書を見ただけでほぼ完璧に暗記ができてしまう才児や高校数学に挑戦しようという子もいた。

生徒たちの嘆きを聞きながら私は、「学校の時間って彼らには時間の無為な浪費なんだ。俺のクラスにもいたなあ、そういう顔して座っている子」と思いを巡らせていた。

生徒たちに聞くと、45分間の授業中40分は暇だとのことだった。計算も読解も、あっという間に終わってしまうし、話し合いの授業も、知力や知識量が違い過ぎて、話したい内容の水準を落とし、用いる語彙も平易なものを選択して話さなくてはいけないのだと嘆息していた。

容易に想像ができた。一般の学校で彼らがその知識と論理の限りを使って会話をしたら、異様な存在として捉えられてしまうのだ。だから、最大限の社会性を発揮して、学校という空間に座り続けている。自分にとっては無駄な時間だとわかりながら。

どちらの生徒にとっても、現在の一斉授業の形態は幸福をもたらさない。それでも、経済的・経営的合理性や過去の伝統を重んじる思想のために一斉授業が採用され続けている。いや、この点について何も考えずにこれまでの伝統を良しとしている教員が大多数か。

国内においても、塾や予備校、語学学校が能力別クラス・コースを設定しているのは、それが効果的だからに他ならない。能力の近似した人間が切磋琢磨し、成長できるシステムを真に平等なシステムだと認識を改めるときが来ているのではなかろうか。そして、ギフテッドやギフテッドに準じる能力の高い子に多大な無駄を強いていることは、社会にとってマイナスだと知るべきである。

カリキュラムと入試の齟齬

加えて、現状の大学入試制度と高校のカリキュラム設定に不一致が生まれていることも記しておきたい。

２０２２年度から高校の数学は、〝Ⅰ〟が週３コマ、〝Ⅱ〟が同４コマ、〝Ⅲ〟が同３コマ、〝A〟〝B〟〝C〟がそれぞれ２コマという区分になる。一般的な進学校では、高校１年時に〝Ⅰ〟と〝A〟、２年時に〝Ⅱ〟と〝B〟、３年時に〝Ⅲ〟と〝C〟を配当する。

しかしながら、全国７７７校の４年制大学の共通テスト受験において〝Ⅰ〟だけで受験できる学校が68校、〝Ⅰ〟と〝A〟が94校、〝Ⅱ〟まで求める学校が１４３校、〝Ⅱ〟や〝B〟まで必要な学校は１５３校となっている。独自試験や国公立二次試験で〝Ⅲ〟まで必要な受験制度を採用している学校は、２０２１年まで46校だった[65]（合計が７７７にならないのは、数学自体を受験科目として求めていない大学が多くあるためである）。

これが高校の現場にどのような影響を及ぼすかというと、高校３年時の「数学」の授業において、〝Ⅲ〟まで学びたい生徒と〝Ⅰ〟までしか使わない生徒が同じ授業を受講しなくてはならないという事態を発生させるのである。

超一流校や完全な受験校であれば、当たり前のように〝Ⅲ〟までの授業を行うし、生徒もそれなりについて来られるだろう。大規模校であれば「数学演習」といった学校独自の設定科目を作り、それを段階別に分化することができる。

が、大多数の学校が教員側の人手を割けず、高度な数学が必要のない生徒には授業時間内に自習をしていてもらうか、優秀な生徒だけに向けた特別授業をすることで補填している。

同様の事態は、受験において古文が必要か、漢文が必要かといった問題でも、あるいは実技科目でも大量に発生している。

このように、大学入試における必要科目と高校の設定科目や時間割のズレは必然的に〝内職〟行為を発生させる。大学入試における科目の統一化と厳格化を進めるか、生徒が自分で学びたい科目を選べるシステムにすることでしか解決できない状況を、大人の側が作ってしまっているのである。

もちろん、個々の学習内容やペースがバラバラになったら、管理や必要な労力は計り知れないものになるだろう。それについては、最終章で私なりの改善案を提示させていただきたいと思っている。

11　能力の高くない子供には無駄な時間が大量に発生している

障害のある子が増えている

数値データとしても、現場の感覚としても、知的障害のある子供、発達障害のある子供、学習障害のある子供、精神障害のある子供は増加傾向にある。彼らが十把一絡げに学力が低いわけではないが、学習に困難がある子は少なくない。

知的障害児の研究における第一人者である国立保健医療科学院統括研究官・岡本悦司は、知的障害児の不自然な増加傾向について次のように分析している。

「40年間の出生時体重と母年齢との関連をみると、母年齢が29歳を越えると出生時体重が急減するという逆ロジスティックカーブが観察され、1993年を境に知的障害児の発生率が急増した原因として、母年齢の上昇と出生時体重の減少による相乗効果が示唆され」るとし、今後「増加するのは大半が出生前診断が不可能な中軽度の知的障害であり、そのため出生前診断がはらむ『生命の選別』という問題は生じないものの、児童の3%ないしはそれ以上の割合となることを想定した特別支援教育の充実等が課題となるであろう」[66]というのだ。

事実、厚生労働省の調査によると、通級しながら指導を受けている小中高の障害のある児童・生徒は13万4185人で、内訳は注意欠陥多動性障害（ADHD）2万4709人、学習障害2万2389人、自閉スペクトラム症2万5635人、情緒障害1万9155人、弱視、難聴、肢体不自由及び病弱・身体虚弱2606人、言語障害3万9691人となっているのだ。

これは２００６年以降、いずれも増加している。全体数３・２倍、ＡＤＨＤ15・１倍、学習障害16・６倍、自閉スペクトラム症６・６倍、情緒障害６・６倍、弱視、難聴、肢体不自由及び病弱・身体虚弱１・３倍、言語障害１・３倍という状況[67]で、岡本の論も頷けるのである。

また、政府が２０１２年に全国（岩手、宮城及び福島の３県を除く）の公立の小学校及び中学校の通常の学級に在籍する児童・生徒を対象として実施した調査の結果、学習面または行動面で著しい困難を示すとされた児童・生徒の割合は６・５％となっている[68]。

児童精神科医・宮口幸治は、少年院には認知力が弱く、「ケーキを等分に切る」ことすらできない非行少年が大勢いると共に、認知力に困難を抱えた「境界知能」の人が人口の14％程度いることを明らかにした。

教育現場にいると、６・５％とか14％という生易しい数字ではないと感じることも多い。30人のクラスで５、６人の児童が暴れ、さらに数人の児童が認知に困難を抱えていることもあった。東京の郊外にある公立小学校の４年生だったが、そのクラスの女児に様子を聞いたことがある。

「いつもそう。授業になんかなってないの。誰か騒ぐし、先生はあの子たちにつきっきりだから。だから、家で〝チャレンジ〟[69]やってるんだ。それで全然勉強できるし」と言っていた。彼女に〝チャレンジ〟を借りて小一時間学習してみたが、非常によくできており、女児の成績も悪くない水準だった。

精神障害の実情も同じく増加の一途である。０歳から14歳という区分になるが、２０１１年が11万人強、２０１４年が17万人弱、２０１７年が19万人弱と、少子化傾向が強まっている期間に増加しているのである[70]。彼らは生きることに必死で、学習どころではないということも多い。

このように、能力的に、あるいは精神的に学習に向き合えない状況にある子が増えてきたという印象がある。その子たちに他の子と同じペースで覚えさせることや、同じように生きさせることは善なのだろうか。障害という個性と共に、自分らしく生きられる道を選べる方が適切なのではないだろうか。

私の教え子に、適応障害を発症し、受験勉強が全く手に付かなくなった子がいた。彼が回復するまで学習の強要はせずに待った。現役時の受験には間に合わなかったが、その後身体を完治させ、自分のやりたい方向での進路実現を成し得た。

違う捉え方をすれば、一斉授業では障害のある子がいる空間が当たり前であり、そのことで、自分のやるべきことへの集中を切らしてはならないのだ。社会に出ても似たようなことには出会うだろうから、得難い経験と前向きに捉えられるならそうすべきだし、大学入試のような大勝負を前にしたときには、集中できる場所を選択できるようにすることがいいのかもしれない。

障害と認定されない段階には、どのような実態があるのか。私の経験を記したい。発達が遅かった児童の例だ。

彼女はいつも笑顔で、クラスのマスコットキャラ的な人気の少女だった。小学2年生。おっとりしていて何をするのもゆっくり。算数の計算や漢字の書き取りも誰よりも丁寧にゆっくり。テストはできなかった。終わらないからだ。私は彼女の席の横に陣取り、一つずつ一緒に回答していく。理解は悪くない。だが、驚くほど処理が遅い。級友がドンドン課題を終わらせ、担任に採点を求めに立ち上がる。教室の空気が乱れる。彼女は集中を欠き、私に笑って見せる。まだ1問目が終わっただけ。残りの9問はこの授業時間内に終えられなかった。

彼女の担当となって一年、ちょっとだけ計算スピードが速くなり、時間内にプリントが終えられ、精神的にもちょっとだけお姉さんになったところで担当は終わった。

「このペースで行ったら、小学校の6年間で6年間のカリキュラムは終わらないだろうな」

誰に言うともなく、そうした思いを抱いたまま、私は新しい子供たちを担当していった。

7年後、風の便りに彼女が高校に進学できなかったことを聞いた。中学校の成績は〝下の下〟だったそうだ。

留年制度があれば、彼女には違う人生があったのではないだろうか。そう思えてならない。

12 不条理と非生産性を教える校則と文化

ブラック校則

下着の色を指定する校則や、男性教員が女子生徒の下着の色をチェックするという校則が〝ブラック校則〟として批判を受けたことは記憶に新しい。「ブラック校則をなくそう！」プロジェクトというサイトを立ち上げた民間団体は、「一般社会から見れば明らかにおかしい校則や生徒心得、学校独自ルールなどの総称」と定義し、その廃絶を訴えている(71)。

そこには、確かに首を捻る校則にまつわる事例が列挙されている。一部ご紹介しよう。

・黒髪でない生徒に地毛証明を提出させる
・男子は丸刈り、女子は肩に髪がついてはいけない。校門に生徒指導の先生がいて、男子は頭を掴まれ、指から髪の毛がはみ出したら帰宅させられた
・夏服にリボンをつけてはいけない
・カップルは一緒に帰ってはいけない
・通学は片道40分以上かかるのに、徒歩以外許されず、水分補給もダメ
・暑くても顔や体をあおいではダメ
・部活に強制入部
・プールの授業は、生理が辛い日でも「タンポン入れて出ろ！」

何のためにこのようなことをしているのだろうか。ブラック校則とまとめているが、実際は生徒手帳に書かれておらず、校則化されていないにもかかわらず、生徒に強要している例すら多く耳にする。

学校教育現場の人間は、処罰を伴う法律や校則は明文化しなければいけないことすら知らない。手前勝手な論理で生徒を管理する。髪の毛の色が黒くなかったら学習の妨げになるのか。人間的に成長できないとでも言うのだろうか。金髪の留学生が来たら「地毛証明を提出しろ」と言うのだろうか。

筆者は、校則の多くは基本的になくてよいものと考えている。何時から学校が始まるとか赤点をいくつ取ったら留年とか、暴力事件を起こしたら停学というような最低限のルールは有効だろうが、些末なものはいらない。例示したようなものは全て廃止でいいと考えている。

かつて校内暴力が全国的に広がった時代があった。1970年代から1980年代とされる。その時期に現場の最前線で駆け回った教員が管理職になっている学校も多い。髪を染色したり、学生服を正規の形で着用しなくなったりすると非行の兆候だと言われ、生徒を取り締まった生徒指導の記憶がべったりと脳裏に焼き付いているのかもしれないし、そういう些末な校則で生徒を管理することしか知らないからかもしれない。

例えば、私が見学させてもらったカナダの中学高校では、授業中に飲み物を飲む子は言わずもがな、パンを食べている子もいた。耳は5、6個のピアスで飾られていたし、髪の毛の色はさまざまであった。それでも彼ら彼女らはよく学習した。成績も良かったし、進学率もかなり高かったと記憶している。教師に対する礼儀も社会に対する意見も持っていた。

そうした状況と比べたとき、日本の教育が見かけだけの従順さを養成してしまっていると言えるのではないだろうか。教員のいないところで、彼らがその教員を呼び捨てにすることは当然になってしまったし、無意味な校則を押しつけてくる教員に対して不満を持つことも多々ある。視点を変えれば、子供たちは馬鹿ではないので、自分がルール違反をしたことやマナー違反をしたことは大抵認識できる。それについて叱られることも大抵許容できるものだ。だが、納得できないことには怒りを覚えるし、反逆する。極めてシンプルな感覚なのだと思う。

挨拶運動

文化として合理的でないこともある。その典型が挨拶かなと思う。挨拶をした方がいいという意見には賛成だ。人間関係が円滑になるだろうし、気分も良い。

しかし、校門付近で生徒の登校時に教員が、時として生徒会などの生徒と一緒に行う挨拶運動や授業の前後に「起立・気をつけ・礼」というもの、入学式や卒業式で何度も立ったり座ったりさせながら行う挨拶は、いずれも不可思議だ。どのパターンも強制して挨拶をさせている要素があるからだろう。自然と「こんにちは」とか「ありがとうございました」という言葉が発せられるような関係を作ることの方が肝要ではないか。

　さらに言えば、中高生で体調の悪い子、病弱な子もいる。わざわざ毎時間毎時間、起立を求める必要はあるだろうか。

　以前勤めていた学校では、「授業時の挨拶では、必ずブレザーを着用させるように」というお達しが下ったことすらあった。生徒たちは挨拶のときだけブレザーを羽織り、頭を下げたらすぐにそれを脱ぐのだ。嫌がる生徒を指導するために数分の時間を使っている教員もいた。私自身は、学校からその挨拶方式を求められても応じなかった。生徒が座ったままの状態で、「こんにちは」と言って始めていた。起立もブレザーも求めない。それでも遅刻する生徒は20年通じて１％にも至らなかったし、なんら問題はなかった。

　このような不条理自体を教えたいというのであれば、学校に合理的な存在理由を見出せるが、基本的には見直していくべき部分ではないだろうか。なぜなら、このようなくだらないことが続くと、学校や授業を息苦しいものと捉える生徒が増加するからだ。朝の挨拶運動に軍隊の香りを感じる者だっている。そして、この中身の薄い儀礼主義が社会に出たときの非生産性を生み出す種となる危険性を孕《はら》むと考えるのである。

13　テスト装置たる学校と瓦解した評価システム

入学試験という「テスト装置」

「テスト装置」の意味は2種類ある。一つは入学試験のテストである。入学試験に受かるかどうかが、どのような教育を受けるか、あるいはどのような教師に習うかということよりも重要な要素になってしまっているのである。入学後、学力が上がるかどうかよりも上位概念とされている向きすらある。

それは、学校に通学したことと、学力が上がったことが相関しにくいため発生する。時折、週刊誌の特集で「お得な学校」として入学後に偏差値が上がったか否かをランキングにして見せるものがある。それを見ると10%程度の上昇が関の山だ。5000校近い高等学校があるなかで、そのほとんどが入学前と卒業時で大差ないことすら読み取れる。

大学入試一つとってみても、高校入学時の偏差値と大学の合格実績は正の相関を持つと言い切っていい。偏差値の高い高校に入った生徒が偏差値の高い大学に進学するという構図だ。公にされるデータではないが、大手学習塾などは中学校時代の偏差値と合格した大学の偏差値の相関図を作成していて、その図には右肩上がりの直線が描かれる。

人物重視の試験や推薦制度の増加によって、正比例の関係にはならないものの、中学3年生段階の偏差値と、入学できる大学のランクの正の相関関係は崩れない。有り体に言えば、偏差値の高い子が集まった学校から偏差値の高い大学への進学者が多数現れ、偏差値の低い子の多い学校はその逆となろう。

とすれば、学校の教育内容よりもむしろ、テスト装置としての機能の方が重要だという結論になりはしないか。誰もがそれをわかっているから、高校入試や大学入試に血眼になってきたのではないか。

学校の機能として、同等の学力の者を集めることの方が、高質の授業や教育を行って学力を向上させることよりも強く求められていると言い換えてもいい。同格・同質の人間が集まれば、人は自然と切磋琢磨し成長し易いものだ。一般的に人は人のなかで勝手に、かつ強《したた》かに成長していくものだ。

授業や、授業以外の学校の活動が全て無駄というわけではない。きちんと生徒の能力を伸ばしている学校には、指導経験やデータが宝の山のように積み上がっている。「○年前の△さんが高校3年生時にこれくらいの成績で、X大学に合格したから、現役高校3年の◇人くらいはX大学には行けるだろう」とか「英語を苦手としている生徒にはA問題集をやらせてみて、大体覚えたら次に一段水準の高いB問題集に移ろう。それはできれば高校3年になるまでのタイミングにしたい」といった算段が立つのだ。

私たちのやり方だと、全ての科目で学習の難易度別に2種類程度の問題集と参考書を用意して、それを指標としつつ、生徒の学力や志望する大学の難易度と連関させ、学習の計画を提示することで、確実に学力向上を図ってきた。

だから、学校は無意味ではないとも言えるのだが、既述したような個別の進路指導が丁寧に成されている学校は少ない。予備校に勤めているとよくわかる。学校の教員は受験のプロフェッショナルではない。学年単位で人事配置されるため、3年に一度程度しか受験指導を担当しないからだ。だから、担当になると他の先生から最近の受験事情を聞くことになる。生々しい実感を持って理解することは難しい。数字の羅列だけが頭に残るのみ。情報を完全にリニューアルし、なんとなく現状がわかってきた頃には大学入試が終わっていたりする。

もちろん、優秀な経営をしている学校は進路指導部をしっかり配置し、同じメンバーで何年も指導にあたるので、情報が蓄積されていき、効果が出やすいことは知っている。しかしながら、前記のような進路指導は塾・予備校でもできなくはないのである。近年ではネットでも相談を受け付けてくれたりする。

定期考査という「テスト装置」

もう一つの「テスト装置」は、定期考査装置という意味である。

受験生を除く日本の学生は、勉強をしない。中国人や韓国人の留学生、同国の教師と話すと、日本の現状はいつも驚かれる。「羨ましいです」とか「（勉強をしないでもいいから）平和ですね」と言われたこともある。

データで示そう。まず中学生。全国学力・学習状況調査のアンケート項目を紐解く。「学校の授業時間以外に平日１日あたりどれくらいの時間、勉強をしているか」。回答は０分が１・１％、１～60分未満が19・８％、60～１２０分未満が29・６％、１２０～１８０分未満が28・５％、１８０分以上が20・９％である(72)。これは中学３年生のデータなので、中学生全体ではより少なくなることは明白だ。なお、韓国の中学生は１６５分が平均とされている(73)。

高校はより悲惨な状況だ。２０１７年に国立青少年教育振興機構が行った日米中韓の比較調査によれば、「試験の前にまとめて勉強する」で、日本の高校生は４カ国中最多の69・３

%となっている。その一方で、「自分で整理しながら勉強する」「できるだけ自分で考えようとする」「教えられたとおりに勉強する」「参考書をたくさん読む」「勉強したものを実際に応用してみる」「教わったことをほかの方法でもやってみる」という項目群では、米中韓に比べて低いという結果になっているのだ[74]。

批判を覚悟でまとめれば、7割近い高校生は試験前だけ、つまり年間4、5回ある定期テスト前の合計4、5週間しか自学をしていないこととなる。

実際の学習時間についても、平日、学校の宿題をしない者が11・2%と4カ国で最多、1時間以内に終える者が51・1%、宿題以外は勉強をしない者も24・2%と次点のアメリカ(17・7%)を大きく引き離しているのだ。さらに「授業中、積極的に発言する」は3・7%、「予習復習をする」は12・1%と最少であり、「授業中居眠りをする」15・0%は最多となっている。

私は、単なる学習時間の少なさや授業への無関心だけに危機感を覚えているのではない。同調査では、日本の高校生は授業の内容がわからない場合の対処法として「学校の先生に聞く」が44・1%と最少であり（次に少ない中国で55・3%）、２００９年調査の51・1%から減少してもいるのだ。経験的に言えば、実際はもっと少ないように思う。聞くほどの学問的興味はないのだろう。また、聞くに値しない教員が半数以上ということでもあろう。「ネットなどで調べる」が12・5%から35・1%に急増していることがその証明だ。
それでいて、「学校が楽しい」は78・8%と4カ国中トップの数字である。今の学校は、消費者たる生徒から、部活動や行事、恋愛や友人作りの場としてしか捉えられていないとは言い過ぎだろうか。

定期考査という形で、一時期に10科目前後もテストをするということが本当に正しいのか再考すべきではないか。一時期にやることで、力を入れて勉強をする科目の濃淡が激しくなるし、成績と強く連関しているため、生徒はそこに力を入れ過ぎてしまう。

逆に日頃手を抜いていても、テスト前の1週間だけ集中して学習すれば、それなりの成績を修められてしまうという分析もできよう。さらに、テスト前の期間だけ部活動が休みになるため、システムとしてもそこに学習を詰め込むことを暗に示しているケースが多い。短期間での詰め込みをした結果、テストが終わった途端、その内容を忘れてしまったなどとはよく耳にする話だ。

日々学習する者が最も強いし、人生において意味を持つ。医師国家試験までは勉強をするが、それ以降、最先端医療を学ばない医者に自分の身体を預けたいか。人生は学びの連続である。それを社会のイミテーションたる学校が体感させない制度というのはいかがなものか。

定期テストを実施しなくてはならない、などと文部科学省も求めてはいない。そんなことも知らずに教壇に立っている者が少なくないのが現状だが……。

定期テストを完全に廃止しろと言っているのではない。広い範囲のものを行うことは資格試験との連関として重要である。しかし、小テストや単元テストと上手く組み合わせて評価することも考えられるのではなかろうか。実際に私たちは、いわゆる定期考査ではなく、日常の授業と提出物、小テストと提出された論文で生徒の評価をしてきたことがある。なんら問題はなかった。

むしろ、直前に似通った内容の、時には全く同じ内容のプリントを配布してから行われた定期テストや、極めて学ぶ範囲の狭い定期テスト、誤った内容が問われた定期テストに比べて、ずっと正当な評価ができたと思っている。

定期考査による不平等

さらに、指摘したいのは、高校の定期考査と評価では、生徒の人生を左右する不平等が起きる点である。

大学に一般入試で入学する者は全体の50・9％（国立大学83・0％、私立43・3％）[75]となっている。一般入試でない場合、推薦入試か総合選抜方式入試（かつてのＡＯ入試に相当する）という受験方式を選択しているとご理解いただきたい。

この推薦入試やかつてのＡＯ入試では、80％前後の学校が筆記による学力試験を実施しておらず、高校の成績を記した調査書（93・2％）、面接・討論（89・6％）、推薦書（82・6％）などを用いて合否が決定される。この調査書の重要事項が高校時代の成績と出欠席数である。

成績は主として定期考査で付けられる。しかしながら、複数コースを持つ学校だと、コースによって定期考査の内容が異なる。学力の低いコースは簡単な内容になり、高いコースは難化する傾向である。そうしないと、前者のコースから大量の留年者や退学者が発生してしまうからである。

すると、どうなるか。あえて学力の低いコースに在籍したちょっと賢い生徒は、努力をせずとも好成績を修めることが可能になり、学力の高い生徒を差し置いて指定校推薦の枠を取ったり、大学に滑り込んだりできるようになるのである。

大学や専門学校の側も、少子化のなかで一人でも多く入学者を確保したいから、そういう疑惑の目は持たない。学力の高い子が低い子に席を奪われる光景を何度も見てきた私としては、やるせない気持ちになる。

中学校の評価の形骸化

中学校における評価では形骸化が起きている。相対評価制度から絶対評価制度に変わり、中学校の担当教員が自由に成績を付けられるようになったのが２００２年度だった。

それまでは5段階評価において「1」と「5」は全体の7%、「2」と「4」は24%というように相対的に評価がなされていた。この縛りがなくなった途端、中学校の教員は2派に分かれた。従来の方式を踏襲する派と、その「優しさ」から甘い評価をする派である。とはいえ、前者も「1」を付けることはほとんどないのが現状だ。長期欠席の生徒の評価に見られるくらいだろうか。純粋に学力の低さに対して「1」を付けるということは希有である。

高校入試で資料を見る側としては、中学校の教員の付けた評価は信用に値しないと考えている。参考にするだけだ。なぜなら学校によって差が大き過ぎるからだ。かつて、同一模試の結果と各学校の評価を比べたことがある。学校によって、偏差値49の子にいずれも「3」を付けているところと、そのレベルの生徒全員に「5」を付けているところがあった。こうなると、自前の高校入試で判断するしかない。

このような事態が起きているにもかかわらず、中学校の教員は膨大な時間を費やし、テストを作成し、採点し、入力処理をし、成績を付け、通知表や指導要録を書いているのだ。これこそが過重労働や生産性の低さを生み出す一つの要因である。

都立高の男女別定員制

高校入試での不合理の一例として、東京都立高校の男女別定員制が挙げられよう。同じ学校を受験しても、女子の方が高得点でないと合格できない制度である。

NHKの報道によって、80%以上の学校でこの制度を導入していることがわかっている。都教育委員会の担当者はこの制度を「高校への進学を希望する生徒全員が就学できるようにするため」仕方がないとし、「定員を事前に示しているので、女子はこの人数、男子はこの人数とわかった上での受験は適正だという認識」を示している。東京には私学の女子校が多く、完全な平等にすると男子の進学先がなくなる、ということを危惧しているそうだ(76)。都立高校の校長を対象に行われたアンケート調査でも、82・7%が「必要だと思う」と答えているらしい。なお、都教育委員会は、指摘を受け段階的な制度見直しを表明している(77)。

このようなことは、男女比が1：1となっている私立の共学校でも多かれ少なかれ行われている。体育の授業や行事を成立させるためには、男女比が均等に近い方がいいという判断だ。純粋に学力だけを比較すると、上位に女子が並ぶ学校が多いにもかかわらず、運用面も重視するからこのような不合理が起きる。

小学校の1年生から中学3年生まで、教育を受ける機会の平等の重要性を教えられ、同じ内容の授業とテストを受けさせられてきたにもかかわらず、高校受験になった途端、男女は違うのだ、と言われても不公平感しか残らない。

入学試験の効果が絶大であることと、入学後の定期考査システムに翻弄させられる制度の見直しについても最終章で提言させていただく。

14　学校では無理でも、塾・予備校やネットでは学べるという謎

塾や予備校では集中して学べる。学級崩壊も授業崩壊も起きない。成績も伸びる。なぜか。「学びたくて行く場所」「合格に必要だから行く場所」だからだ。

だから、騒ぎ出す子もほぼいないし、人間関係のいざこざも少なく、通ってくる児童・生

徒のモチベーションも学校と比して高くなる。そして、何より自分に合わない場所だと判断したとき、コースの変更や退校・退塾がし易い点が学校と大きく異なる。

人間、いや動植物の行動原理は自己利益に他ならない。自らの学力を上げたければ、上がるだろうと予想できる場所、上げてくれるだろう教師のいる場所に行くのは自然の行為だ。既述したように予備校にはプロフェッショナルの講師が控えている。形式も様々で、学校のように集団の一斉授業もあれば、個別指導型もある。

保護者から「先生、塾に行かせた方がいいでしょうか」、生徒から「先生、やっぱ塾行った方がいいかな」と相談されることは毎年あった。学内に信頼できる能力の教師がいないときは「行って、体験してみると良いよ。で、良かったら続けたら」と答えてきた。受験情報や自習室といったものを欲する場合も通塾を勧めたものだ。

逆に、塾に行けば、あるいは家庭教師をつければ成績が上がると短絡的に考えることは危険である。そんな甘えた考え方では伸びない。そして講師がよっぽど優秀なオーガナイザーでなければ効果を生み出すことはできない。生徒の状況や能力を把握し、適切なタイミングで適切な課題を出し、スケジュール作成を手伝い、叱咤激励もする。依存型の子に対しては、勉強は自分で取り組むものだということを強く認識させなくてはならない。私の経験では、他者への依存が強い家庭、生徒ほど安易に通塾を選択し、結果が出なかったと記憶している。

近年はネット上にも多数の授業動画があり、学ぼうと思えばいくらでも、いつでもどこでも学べる。つまり、自分に適合した形で学べる環境はほぼ揃ったと言っていい。自立した学習者として、最も適切な学びの場の選択を認めることで、結果に繋げるべきだ。

こうした社会環境のなかで、学校という選択肢を選ばなくてはいけない「義務」感は成立するのだろうか。

15　学力低下問題

『分数ができない大学生』問題再び

学力低下問題は今に始まったことではない。１９５０年代にもあったし、１９７０年代にも「落ちこぼれ」問題として社会問題化している。近年は「ゆとり世代」問題としてクローズアップされることが多い。

そのなかでも、二つのエポックメイキングな事案があったと筆者は認識している。

一つは、１９９９年に上梓された『分数ができない大学生』[78]によって広く知られることとなった大学における学力低下問題である。同書は、高等教育機関たる大学に在籍する者の20%が小学校の算数で躓いていることを喝破してみせた。そしてその理由を、大学入試における少科目化に見出している。

その後、20年以上が経ち、状況は改善したのだろうか。否。悪化したと言わざるを得ない。英語で言えば、一般動詞とbe動詞の使い分けもできない、小数の計算もできない、小学校で習うはずの「て・に・を・は」でも多くのミスをする大学生を大量に生み出しているのが現状だろう。

大卒で教員採用試験を受けに来る者の能力から、私はそう断じる。何度も面接試験に立ち会い、質問を投げかけてきたが、信じられないと思うことが多かった。有名大学の卒業見込みだったり、あるいは卒業したりしていてもまともな志望理由書が書けない。高校生の方がよっぽどハイレベルだったと思う者から始まり、人が読むに値しない金釘流の文字だったり、教育の「き」の字も知らない者だったり、こちらと視線を合わせられなかったりと悪い例は枚挙にいとまがなかった。それでいて、プライドは高いという者も少なくないのだ。

しかし、私はこの状況を生み出している根源に、大学入試における少科目化や「ゆとり教育」があるとは思っていない。初めから無理があったのだ。大学を大衆化すること自体が愚策だった。人間の多くは大学に進んで研究できるほど暗記力が良かったり、観念的に物事を思考できるようにはなっていない。繰り返しある作業を行うことで経験的に学んだり、好悪に対して感情や感覚で生きているものなのだ。したがって、研究者のように冷静に客観的に物事を捉え、発見したり新しいモノを作り上げたりできる存在ばかりではないと理解すべきなのだ。

　１９９９年に岡部らが『分数ができない大学生』を世に問うたころ、大学生の数は約２７０万人だった。それが２０２０年には２９０万人を超えている。１９９９年の高校卒業者は１３５万人、そこから２０２０年は１０４万人へと減少しているにもかかわらず、４年制大学進学率は38・２％から54・４％まで上昇しているのである。大学数も６２２校から７９５校にまで増えている[79]。

　このように２人に１人が大学に進学しているのであれば、劣化は免れないというのが冷静な見立てであろう。大卒の方が生涯年収が高いし、就職の際の選択肢が広がるからと専門学校や高卒での就職を回避してきたこと、企業側が過度に大卒資格を求めたこと、大学設立の認定を誰にでも許してきたことの末路がこの状況なのだ。

「教科書が読めない子供たち」

とはいえ、もう一つ重要な学力低下についても考えなくてはならない。小中高生のそれだ。近代教育システムが成立してから何度も指摘されてきた課題だが、昨今異なる様相を呈している。

２０１８年に国立情報学研究所教授であり同社会共有知研究センター長の新井紀子が明らかにしたように、教科書を読み取れない生徒が大量に存在することである[80]。実に３人に１人の子は教科書から情報を見つけ出せない。これは国語の読解のことではなく、算数や社会、理科において必要な、汎用的情報収集力のことだ。

例えば、「６年生の社会科の教科書には『内閣のもとには、さまざまな府・省・庁などが置かれ、仕事を分担して進めます』（教育出版『小学社会６』より）という行政のしくみを説明した一文が出てきますが、『もとには』『置く』という言葉が子供には難しい。『足もと』『物を置く』といった普段使う意味とは違う言い回しだからです。算数なら『割る数』と『割られる数』のような言葉遣いも混乱しやすいですし、数や量の比に出てくる『○○を１とみたときに』の『みた』の意味がわかっていない」といった語彙が躓きとなるという事例を挙げ、彼女は論を立てている。

さらに彼女は、

「残念ながら、日本の子供の大半が教科書を読めていません。小学生でいえば、全教科の内容を正確に読めているのはクラスの2、3人でしょう」(81)

と続ける。

この二つの指摘を読んだとき、私には何の反論もなかった。現場感覚と合致していたからだ。

私の教え子でも文章から情報を取り出せない子は多かった。新井の指摘通り一つ目のハードルは語彙だ。親子共々、言葉を知らない。だから読めない。個人にも家族にも辞書を引く習慣がないから、辞書を渡しても調べるのに時間がかかる。同音異義語などが出てくると混乱するし、作者独自の造語などが出てきたら思考は停止する。

さらに、平易な小説の読解をしていても、虐めている登場人物と虐められている側の人物を取り違えていたり、物語中に流れる時間軸が捉えられないという例は数え切れない。

いや、子供だけでなく教員にも多かった。ありがちなのは学習指導要領や教育基本法が読めず誤解しているケース。管理職クラスでも、教育の課程の基準を示す学習指導要領と、生徒の出欠や学習状況の記録を残す学習指導要録を混同している者までいた。また、どんなに噛み砕いて、ゆっくり優しく説明しても理解されないことも多々あった。

おそらく新井の予想するように、大多数の人間が数学や情報学、物理学や化学を理解できず、私立文系的な学びを選択せざるを得なくなる。この状況は経済格差を助長することになるだろう。

16　モンスターペアレントの威圧により、教員が萎縮する

魑魅魍魎、跳梁跋扈

勤務校の文化祭の日、保護者がボランティアで、私学助成金の署名活動をしてくれていた。私は前日までに署名をし終えていたので、そのブースを「ご苦労様です」と言って通り抜けようとした。

「署名お願いしまーす」

と私の背中に声がかかった。振り返り、

「僕はもう、書きましたんで。失礼します」

と頭を下げた。そして、踵《きびす》を返そうとした途端、怒鳴られた。

「おまえ、なんだその態度は！　みんな書いてくれてるんだ。なんで書かない！」

「いえ、ですから、もう署名し終えているんですよ、僕は」

と説明してもヒートアップした中年女性は収まらない。

「お前、名前は何だ？　教科はなんだ？　何年目だ？」

矢継ぎ早に詰問される。丁寧に答えるも、

「何度でも署名すりゃあいいんだ。数が大事なんだから」

そう言って引き下がらない。

「これね、そういう不正をした署名があると意味がなくなっちゃうんですよ。僕の名前が二つあったら県の担当者もおかしいと思うでしょう？　まあおわかりにならなくても結構です。僕は、ここでは書きません。失礼します」

と、その場を後にした。

怒りを抑えることに多大な労力を使ったことを覚えている。その後、二重署名は禁止になったからよかったものの、論理の通用しないモンスターペアレントと遭遇した初の体験だった。

職員室に戻ってその女性の子供の担任に話を聞くと、有名なモンスターだということがわかった。その子の出身中学からも申し送りがくるほどの〝逸材〟だったのだ。

この他にも毎日2時間のクレーム電話をしてくる者、学校内で「給食費なんか払う必要ないわよ!」と嘯く者、学校に押しかけてきて若い女性教諭を詰りまくる者、トイレットペーパーの端が折れていないと怒鳴る者、自分の息子の宿題を自筆で完成させてしまう者、教員と不倫をしようとする者、自分の子供が下半身を露出させた画像を女子に送りつけたにもかかわらず「(LINEを)ブロックしたらしまいやんけ」と言い放つ者など魑《ち》魅《み》魍魎《もうりょう》、跳《ちょう》梁《りょう》跋《ばっ》扈《こ》といったところだった。

幸い私は法学部出身であり元ジャーナリストなので、それなりに刑法の知識を持っていたから、最悪の場合、法律の知識を持ち出してモンスターハンティングをすることができた。しかし、一般の先生方が心を擦り減らし、沈んでいく様を見るのは辛かった。

このようなモンスターペアレントは増加傾向のようである(82)。大阪府教育委員会はいちゃもんをつけてくる保護者の対応マニュアル「保護者等連携の手引き」を用意しているくらいだ(83)。

今まで書いてきたように、生徒の状況を捉えて、業務をこなすだけでも時間内に終わらないほどの量と質になっているのが教員の仕事だ。医師的要素や介護士的要素を持ちながら、事務員的能力を発揮しなくてはならない。その上で業務の核である、授業を構成するクリエイター役と、生徒の前に立って授業という時間をオーガナイズする役者の要素を持つ。これにクレーム処理という仕事が加わるとかなりシンドイ。

言うなれば、今から舞台の上に立つ役者が、直前にクレーム処理をして平然としていられるか、ということだ。そんな現実的ではないことを求めているのが教育界なのだ。

いい管理職だと、自分が防波堤となる、とばかりにそのクレームを一気に引き取ってくれる。力や心の欠如した管理職だと現場に丸投げだ。どこの業界でも同じ構図が存在する。

学校教員は学校という空間しか経験していない人が大多数だ。そして彼らの多くが真面目で、ある程度論理的な説明を受ければそれなりに理解できる頭脳はある。しかし、海千山千の人間に揉まれることや、論理を無視して自己の要求だけを声高に主張してくる成人と対峙した経験はほぼ皆無だ。

その教員に、論理を度外視した自己利益追求１００％のモンスターがぶつかってくるのである。時として、学生時代の自分には向けられなかった罵詈雑言が浴びせられることもある。壊れるのは、現場教員の側となるのが必然だ。

２０２０年末に文部科学省が発表したデータによれば、２０１９年度に鬱などの精神疾患で休職した公立学校の教員数が５４７８人に上り、過去最多になったという[84]。これは全教員約92万人の０・59％という計算になる。国家公務員や地方公務員は１％を超えているので、まだ教員の方が状況はいいとも言えるが、５年間で10％も増加していることと、年代別統計において50代以上のベテランが最多（１７８９人）となっていることが気がかりだ。

２０２０年度は、新型コロナで休校やオンライン授業が増えたためか、休職者数は減ったが、今後大きく改善するとは考え難い。

何年も教員をしてきた経験が通用しない苦しさ。改善されない現場の状況を見たとき、若手教員は希望を見出せるだろうか。

「『＃教師のバトン』プロジェクト」

２０２１年３月26日から「『＃教師のバトン』プロジェクト」という文部科学省主催のイベントが開催された。「教職を目指す学生や社会人の方に、現職の教師が前向きに取り組んでいる姿を知ってもらうことが重要です。教職の魅力を上げ、教師を目指す人を増やす」ことを目的としたプロジェクトである。

多くの現職教師に教職が魅力的だというツイートをしてもらおうとしたのだ。その結果、オリジナルツイート（リツイートではないツイート）数が２万８８６１件にのぼった。注目すべきと判断したコメントを広める目的で元の文章を引用し、再投稿するリツイート数は22万件を超えた。そのなかで最もリツイートされたものの抜粋は次の通り。

「残業代を頂戴しておりません」
「お暇を頂くことが叶いません」
「薄給のため窮乏しております」
「夏は教室が大層暑うございます」
「現場をご覧になられた上でご発言あそばして頂ければ幸甚に存じます」

これ以外にもネガティブなコメントが数多く現役教員から発信されてしまったという。

教員の精神疾患の原因として、同省は小学校で英語が始まるなど業務量の増加、中学校でも新学習指導要領の実施に伴う業務内容の複雑化、保護者らによる教員への過剰な要求や職場内でのハラスメント行為が考えられるとコメントしている(85)。

このような状況で、教員がまともに児童・生徒の能力向上や人格形成を担えるとは到底思えない。

第三章

進学事情における甘えの構図

1　少子化でどこかに進学できる場所がある

少子化の勢いが止まらない。業界内にいるとその力の強さに抗えなくなってきた感覚を強く持つ。目に付くのは、各学校による生徒の奪い合いである。大学数が急増したことはすでに述べた。一方で専門学校は、もう減少期に突入している。２００３年から２０１５年の間に、学校数は６２２校から４３１校へ、生徒数は２万２９２９人から１万７００９人へと減っている(86)。早晩、大学にも同じ流れはやってくるだろう。

この状況を専門学校関係者は知っているから、一人でも多く入学させようと過剰サービスを繰り返している。

数年前、私の教え子が調理師を目指す専門学校のオープンキャンパスに参加したときのことだった。翌日、学校の様子などを聞こうとすると、言下に、

「先生、受かりました。僕、あの○○専門学校合格です」

と微笑まれた。

「え？　どういうこと？」

「なんか、担当の人が受験さえしてくれれば合格です、って。それから庖丁セットも割引してくれました」

と言う。

当時はまだこのような内定合格は聞いたことがなく、極めて希《まれ》なことだったので驚いたが、ここ数年、専門学校入試では当たり前に、そして、大学入試ですら聞くようになっている。正直、真面目とは言えず成績も芳しくない者の進路が、容易に確保される時代である。

「本音ですと、合格点には達していなかったんですけど……。卒業までに指導して下さい」

と、当該学校の入試担当者から求められたことすらある。

大学に進学する者では、「指定校推薦」という形で青田買いをされるケースが目立ってきた。高校時代の成績不問という学校も少なくない。有名校はそんな受験制度にしていないので、当該大学の経営状況が良くないことが透けて見える。

高校側、特に私立高校は合格実績を出したいし、大学・専門学校側は生徒を確保したい、親は子供に少しでも上位の学校に進学して欲しいし、生徒自身も働くより進学の方が良いだろう、ということで、４者の利害は一致している。だから誰からも文句は出ない。しかし、この傾向が続く限り、学習内容の質やその効果を高めることは難しいと言い切れる。高校までの学習を適当に済ませても進学できる状況は、真摯な学習者など生み出しはしない。教育の理想は経済に勝てないのだ。

我々１９７０年代生まれの、同級生が２００万人もいて、一流大学の受験では浪人をすることが当たり前だった世代から見ると、隔世の感が否めない。かつて、大学受験生ならば４時間睡眠が当然で「四当五落」などと言われた。今、この量の受験勉強をこなしている高校生はごく一部ではなかろうか。「どこか行けるよ」と進学に対する甘えを聞くことも増えた。生徒にとって大事な教育の機会が失われているように思えてならない。

多くの学生にとって、受験勉強という制度は成長のための良質なシステムであった、と私は認識している。受験があるから好きなことを我慢する気持ち、自分を律しスケジュールを立てる重要性の認識、自己の能力把握、敵（志望校）の求めるモノの把握などといった力が身に付いた。合格を勝ち取れれば自信にもなった。逆に不合格になっても、自己の弱さや怠惰を反省する機会になったし、打たれ強さを身に付ける機会にできた。

もちろん、競争が激化し精神を病んだり、受験で問われる知識が些末なものになったり、大学名だけで就職が左右されたり、官公庁や大手企業の出世争いで学閥が重んじられたりしたことが〝アンチ受験〟を生んだ歴史も知っている。

それでもなお、受験制度というものはあるべきだと考えている。そして、その多くが暗記量を測る問題になることも致し方ない面があろう。「知識」が学びの原点に他ならないからだ。

教育界でカリキュラムを作成する際、背骨となる理論に教育心理学者ベンジャミン・ブルームのタキソノミーがある。これは、アメリカ心理学会（ＡＰＡ）が大学の試験に関わる研究者を集め、８年がかりで作り上げた教育目標の段階を分類したものだ。

まず「知識（Knowledge）」からスタートして、「理解（Comprehension）」「応用（Application）」「分析（Analysis）」「統合（Synthesis）」「評価（Evaluation）」と目標を高度化していくことが効果的だと考えるのだ[87]。ＩＢでもこの考え方に基づいてカリキュラム編成が成されているし、授業手法もこれを背骨として考えるべきとされる。

最初の「知識」は、暗記と言い換えてもいいだろう。物事の知識を蓄えていないと考えることも応用することもできないのは当然だろう。

しかしながら、暗記は退屈で辛く、苦手とする学生は多い。受験を回避する、あるいは楽な方式の受験方法を選択するということは、この辛さから逃避していることと同義と言っても過言ではない。

これを俯瞰すると、知識の保持という部分を抜きにして、「意見を言う」「権利を主張する」という状況が蔓延しつつあると受け止めることもできる。傲慢と言わざるを得まい。というのも、意見や主張は「評価」の段階でやっと行えることだからだ。きちんと情報を吸収し、理解した上で、それらを用いたり分析したりする。次に他の情報などと統合してから評価をすべきなのだ。そうでなくては、世の中に根拠のない言説が溢れかえる。

だからこそ、学びの基礎である「暗記」を求める受験制度は維持しなくてはならない。大学という高等教育機関に進学するならば、自分にとって有益な知識形成をするための情報を丁寧かつ客観的に見つけ出すこと・調べまくることは入学前に身に付けておくべきことではなかろうか。

この意味において、〝読むこと〟が少ないにもかかわらず〝話すこと・聞くこと〟や〝書くこと〟を求める先述のカリキュラム変更は、問題を拡大させてしまったと指摘したい。

2　受験競争の低レベル化

人数も減り、競争も緩くなれば、全体の実力が低減していくのは当たり前だ。東進ハイスクールの国語講師・林修は「レベルが下がっているのは、あくまでも東大の中下位層であって、上位はやはり優秀です。先端技術を駆使する能力も高いので、以前よりも優秀かもしれないくらいです。このことを強調しておきます」と前置きをした上で、「どの授業であっても必ず、この問題でこういうことを書く生徒は、根本がわかっていないという指針になる設問があるんです。実は、僕はそこを間違えた生徒の名前をノートに書き留めているんです。（中略）当初は、名前が書かれた生徒は、見事に全員落ちたんですよ。本当に、一人も受からなかった。ところが、ある年からノートに名前のある生徒がポツポツと受かり始めて、この2、3年は大量に受かるようになったんです」[88]と語っている。

他の大手予備校の講師と話しても同様のことが聞かれ、異論はない。私自身、違う時代であれば、自分の教え子が彼らの在籍大学には合格できなかっただろうと感じることは少なくない。

大手予備校の教壇に立つトップ講師は、

「もう関関同立とかは全員合格するってイメージに変わりましたね。楽勝です」

とさえ言う。

ましてや超上位を狙う層以外の学力層にいる者たちにとって学習は、辛いものではなくなっている。少なくとも以前の「受験戦争」という様相は呈していない。激しく詰め込むことが是でも、努力が足りないことを悪と言っているのでもない。大学生になる能力＝学力が担保されていないことが、由々しいと訴えたいのである。

東大・京大の入試問題自体も易化している。かつて東京大学の入試問題（国語）は１５０分（文系）で七つの大問を解くことが求められていたし、受験界隈では伝説となっている２００文字作文も課せられていた[89]。その質の高さをご覧にいれよう。

１９８５年第二問

次の二つの詩は同じ作者の作品である。二つの詩に共通している作者の見方・感じ方について、各自の感想を１６０字以上２００字以内で記せ。（句読点も一字として数える。）※東大では上下二段組で出題していた。

積もった雪

上の雪
さむかろな。
つめたい月がさしていて。

下の雪
重かろな。
何百人ものせていて。

中の雪
さみしかろな。
空も地面《じべた》もみえないで。

大漁

朝焼け小焼けだ
大漁だ
大《おお》羽《ば》鰯《いわし》の
大漁だ

浜は祭りの
ようだけど
海のなかでは
何万の
鰯のとむらい
するだろう。

これは、東大が単なるガリ勉を認めないとする姿勢として受け止められていたものだ。

他にも死を前にした友人へ手紙を書かせたり、「私の風景」という作文を書かせるなど、単なる読解でもなく、受験技術で対応できるものではない力が試されていたのだ。

残念ながら2000年以降、200文字作文はなくなり、大問数は四つに減っている。これらの点に加え、近年の易化は著しく、傍線部の真意を問う設問において、その段落だけ読めばどうにか合格点をもらえる記述ができてしまうものも散見されるのだ。このように質量共に劣化が激しいのである。

学力が担保されていない事例として、次のようなものもある。

評論家で元外交官の佐藤優はかつて、外交官試験に合格している一流大学卒の外交官の卵たちを、モスクワの高等経済大学やモスクワ国立大学の地理学部に留学させてきた。だが、残念ながら成績不良で退学になる研修生が出てきた。退学の理由は学力であり、そこには三つの特徴があったという。

それは数学、哲学史、論理での弱さである。「なんで日本の大学で、経済学修士をとっているのにもかかわらず、簡単な微分方程式が解けないんだ？　線形代数が全然わからないのか」とロシア人担当者から逆に訝しがられたと自著で紹介している。

また、哲学への造詣が浅いから、今世界で起きている現象と過去の思想の鋳型を結び付けて考えられないという弱さ、一定の手続としての議論をする「論理」力の弱さを指摘されたらしい(90)。

日本が誇るトップ層ですらこの有様であり、佐藤が外交官時代の話だから、一般的なレベルや下位層において下落傾向にあること、それが続いていることは想像に易いだろう。この危機的状況は長年続いており、相当の対策を講じないと改善されないと予想される。

他方、高校入試においては、一部有名私立校や公立校を除いて、入試の本質すら成していないと言えよう。談合状態すら多い。高校も大学や専門学校と同じく定員割れのところが多いので、想定しているレベルを大きく下回っても合格させている事例が数限りなくある。あるいは、中学生向けの塾と高校が結託し、偏差値によって、あらかた進学先を決めてしまっているという話も多い。

このような状態が罷り通るのは、私立が私学助成金に支えられた経営をしているからに他ならならない。生徒一人が入学すると年間34万円前後の助成金が税金から学校に支払われる制度だ(91)。つまり、どんなに勉強ができない子が入学してきても金は入るため経営は潤うのだ。

そして、卒業後の進路は既述したように、迎え入れてくれる学校が大量にあるため、生徒本人も保護者も困らない。したがって、経済的なメリットを優先して考えれば、能力の低い生徒でも受け入れる方がいいとなる。生活指導面で問題があったり、クラスの学ぶ環境を壊したりするというのであれば、受け入れた後に停学にでもすればよい。それでも在籍さえしていれば、助成金は支払われる。

これが、偏差値の高くない学校で行われている高校入試の実状だ。実際に私が勤務していた学校でも、受験の点数が僅か数点しかなく、その科目の担当者が「入学してから付いていけないと思います」と意見を述べても、校長が合格にするというケースが多々あった。

第四章 児童・生徒への心理的・精神的影響面

1　学校が児童・生徒の心理に与えるネガティブな影響

学力・能力から視点を変えて、児童・生徒への心理的影響について述べていきたい。

まず日本の学校システムは、同級生からのいじめを受けやすいシステムである。

「学級集団の実態には、個々の構成要員がもつ個人特性としての差異がある。いじめられっ子が標的にされるのは、ある偶発的行動やその外観そのものが悪いのではない。たまたま他者によって微妙な差異性を捉えられ、いじめられっ子のイメージを共有されたところから、いじめのイメージ・シンボルが付与されたり、個人のもつ過去の『いじめ・いじめられ経験』がいじめという集団からの『制裁』を怖がって、ある鞘当てをするところから始まる」[92]とは千葉商科大学大学院教授・田中美子の分析だが、首肯せざるを得ない指摘だ。

小学生から中学校くらいまでは特に、自己と他者の差が違和感に、時として不快にすら感じられることがある。同一の場所で、同一のカリキュラムを、同一のスピードで消化することを求める日本式では、平均値から外れた子と一般的な子との差異が明確になりやすい。だからなのか、日本のいじめは学校の教室で、同級生によって同じ被害者相手に長期間にわたって行われるとされてきた[93]。これに対して欧米のいじめは、発生場所は校庭が多く、異年齢の子供が加害者となるのだという。

人や集団が自分を攻撃してくる、と感じたまま、その空間に通い座り続けることは酷だ。ましてや、一緒に食事をしたり、手に手を取ってダンスをしたり、学び合いと称した話し合いをしたりしなければならないことは苦行だと感じられるだろう。教員の一部にはそのいじめを先導する輩もいて、他の成人の目がない空間でさも自分が正しい王様かのように振る舞う。この振る舞いを許してしまう監視なきシステムも問題だ。

もちろん、いじめを先導する教員は少数派であり、大多数は「うちのクラスでいじめを起こさないでくれ」と願っている。

理由は二つ。一つはマイナス査定の村社会に生きる教員にとって、問題が起きることで自己の評価が下がることの不利益が甚大に映るからだ。

大阪府吹田市の小学校で２０１５年から１年半にわたっていじめを受け続け、視力障害を負った女子児童のＳＯＳは担任の教師に握り潰されていたし[94]、岐阜県の中学３年生男子が自殺した件では、同級生の女子生徒が担任に窮状をメモで訴えていたにもかかわらず、そのメモを廃棄していただけでなく問題の解決に勤しもうとすらしていないのだ[95]。

彼らにとって自己評価の低下は重大かもしれないが、社会的には、それを隠蔽したり、解決のために動かないことの方が何倍も重く、大きいことなのだが。

この傾向を強めるのは、管理職や法人が隠蔽体質であることからも説明がつく。

2007年9月13日、東京都練馬区の公立中学2年の男子生徒（当時13歳）が、帰宅直後に自宅浴室で首吊り自殺を図った案件も校長によって隠されたし(96)、2016年10月6日、兵庫県神戸市垂水区で市立中学3年の女子生徒（当時14歳）が自殺した事案でも、同級生らの聞き取りの際、学校はメモを作成していたが、隠蔽が発覚している(97)。2021年2月に発生した旭川の中学生いじめ自殺事件も同様だ(98)。

もう一つの理由は、単に面倒臭いのである。教員の多忙は書いてきた通りだ。その上で解決までの道のりが遠く、非常に煩雑かつ精神的に疲れるのがいじめ問題である。私も経験してきた。だからこそ、誰かに任せてしまいたくなるし、なかったことにしたい。いじめ問題が顕在化していないのであれば、「このまま起きないでくれ」と手を合わせる。そんな心情があるとしても、人様の子女を預かっているのだから、普通の教師はいじめが起きそうになったり、起きてしまったりしたら解決に向けて全力を尽くすし、上司に報告もするものだ。

それでも、教員の劣化が止まらない潮流のなかで、これからも隠蔽が行われたり、生徒が教員の心ない対応に苦しむことは予想される。事実、先の旭川の事件では、暗くなった娘を心配した母親が担任に相談したとき、「今日は彼氏とデートなので」と取り合ってくれなかったこともあったと報じられている(99)。

いじめの被害者になっている生徒はもちろん、その空間にいたくないと感じる者にとって、学校や学級は学びに集中できる場所ではないとご理解いただけるだろう。

2　ロリコンだから教員になった・教員を続けている大人たち

本当に増えた、という実感がある。２０１８年度に公立の教員で猥褻《わいせつ》行為を理由に処分を受けた者は２８２人となり、10年前と比べて１・７倍だったという(100)。よく言われることだが、これは氷山の一角に過ぎず、実際にはもっと多いというのが自明だろう。

この惨状を受け文部科学省は、２０２１年４月より官報に教員免許状の失効公告を実名掲載するとした。今後、その処分理由を、①18歳未満の子どもか自校に在籍する児童生徒に対するわいせつ行為やセクハラ、②それ以外の人へのわいせつ行為など、③交通違反や交通事故、④職務上の不正行為、⑤その他、に分けて示すという(101)。

この２８２という数字には私立の教員は含まれていないし、部活の外部コーチなどは対象となっていない。少なく見積もっても被害者は10倍はいるだろう。

実際に接触を伴わず、ギリギリのラインで犯罪行為として認定されていない者も知っている。大量に女子中学生の写真を撮影し、自分のパソコンにストックしている男性教員だ。

また、教員になろうとする学生には、堂々と「女の子が好きなんで先生になろうと思うんです」という者までいた。こちらとしても、どこまでが冗談で許され、どこからが倫理的違反で、どこからが犯罪なのかという判断と、その後の交流が難しかった。この学生には、やんわりと他の仕事を勧めつつ「先生になるなら、生徒の利益を一番に考えてな」と伝えた。

かつて、学内で同僚の教員と女子生徒が交際しているという噂が流れたことがある。教員も生徒も非常に大きく動揺し、その話を聞いただけで泣き崩れる生徒まで出た。私に真相を確認しに来る教員や生徒も数多かった。

また、男性教員が男子高校生にセクハラを行うという事態も起きた。教員は逮捕（後に処分保留で不起訴）され、テレビやネットでも報道され関係者は騒然となった。このときも業務量が激増し、対応に追われたことを覚えている。

こういう状況で、生徒に「きちんと勉強をしろ」と言うのは難しい。生徒が学ぶのに適切な環境であったと言えないのはもちろんのこと、教員側としても効果的な教育活動ができる場所ではなかったからだ。

3　習い事やアルバイト、ボランティアなどの学外活動で出会う大人の方が人格的陶冶に影響を持つ

学校が生徒を精神的に成長させる率と、学外の習い事やアルバイト、ボランティアの場で出会う人・経験によって成長させられる率を比較してみたらどうなるだろうか。学校が全て駄目というわけではないのだが、後者の方が圧倒的に学びが多い気がしてならない。

私自身、学校で出会った大人に魅力を感じたことはないし、学校で用意されたイベントや部活動で人格が磨かれたなどと露にも思えない。家庭の要素以外の部分では、幼い頃に通っていた絵画教室の先生や剣道道場の師範からお教えいただいたことで人格の基礎を作ったと思っている。絵画教室の先生には「何にでも挑戦すること」と「人と同じになるな」ということ、剣道の師範には物事を突き詰めることの重要性を教わった。心から感謝している。

一方で、多くの学校教員は生徒から舐められていて、「教えを請う」などという状況にな

っていない、ましてや人格形成に寄与したなどと振り返ることはないだろう。

学校現場でよく見られる光景として、担任や教科担当者の前では不遜な態度を取っている生徒が、部活動の顧問の前では直立不動であったりきちんと挨拶をしたりするというものがある。生徒にとって自らのやりたいことを指導してくれる人、自分がレギュラーになれるかどうかといった人事権を握っている人は尊重すべき対象となるのだ。

またアルバイトをしている生徒は、時間管理ができるようになったり金銭感覚が身に付いたりするということが言える。言うまでもなく、お金を手にした高校生が放蕩する危惧もあろう。だが、それは管理の問題であって、自己の精神的成長という話と混同してはならない。お金を稼ぐことの重みや、そこで働く社会人や顧客の吐息に触れるだけでも考えるきっかけになるはずだ。

私が留学プログラムでお世話になったカナダのブリティッシュ・コロンビア州では、高校生の間に三つの異なるアルバイトに従事しなければならないというルールがあった。それを経験することで、子供たちは自分の将来や進路について考えるようになるというのである。

ＩＢ教育でも「Service」という活動は校外のボランティアなどが中心だ。学外の人間と触れ合い、自己の行為を最大化するよう考えるのだ。どうしたら社会に貢献できる行為になるのか、と。

机の上の受験勉強だけに縛り付けること、社会を知らない教員と自分の親だけに囲まれた生活、学校と家だけの往復に閉じ込めることで子供の本来あるべき成長が阻害されているように思えてならない。

4　毒親の被害にあった児童・生徒が学校で授業を壊す・教員を疲弊させる

負の連鎖

毒親が子供の能力を減退させる構図については、すでに書いた。加えて毒親の子が学校や授業を破壊していく図式も知っていただきたい。知的障害や精神障害を併発していることもあるので、先に書いた内容と重複するところもある。

彼らが大きな声で叫び出したり、いわゆる空気の読めない行動に出たりすることで、授業や教育がいちいち止まる。教員側からすれば止まらざるを得ないし、その行為を止めざるを得ない。悪いケースでは暴力事件に発展してしまうことだってある。

彼ら児童・生徒の家庭背景を知るとかわいそうにも思える。親に虐待を受けている子、まともな食事も用意されない子、ネグレクト、親自身に障害があるなど、先述の斎藤が分類した〝猛〟毒親たち（59ページ参照）に人生を握られているからだ。

その子供たちは小さな身体に目一杯、我慢とストレスを溜め込んで登校してくる。パンパンに膨れ上がったストレス風船は僅かなきっかけで簡単に弾けてしまう。弾けた破片は、クラスメイトや教員に突き刺さる。

かつての教え子Aちゃん（小学校1年生）は、本当に聡明な少女だった。教科書を数回読むと文章を丸暗記できたし、文章の意図も、自分ならこういう結末にするということも論理的に述べられた。

彼女の髪型がざんばら髪の様相を呈してきたのは、一学期が始まって間もなくだった。当初は女性教諭が優しく梳《と》かしてくれることを喜んでいたが、すぐにそれも嫌がるようになった。なぜか私は彼女に懐かれていて、毎日のように職員室の私の席に遊びに来ていたのだが、それも少なくなっていく。放課後、学校の周りで彼女の遊びに付き合うことが増えた。先輩教師を真似て、「髪、梳かそうか?」と聞くが、首を横に振るだけ。そのときだけは悲しい顔をした。

彼女の荒れが始まった。授業は全く聞かず、ノートの余白に卑猥な言葉を書き、イラストを拵《こしら》える。それも、自分のノートだけでなくクラスメイトのものにもだ。小学校1年生でそこまでの語彙があることに教員が驚くほどの内容だったという。それだけではなく、大きな声で私語をしたり、誰彼構わず罵声や卑猥な単語を浴びせかけた。

　教員団で相談した後、家庭訪問をすることになった。少女の家は、その地域では有数の高級マンションだった。呼び鈴を押し、身分を告げる。抑揚も感情も感じられない母親の声が我々を出迎える。玄関扉を開けると、異臭が鼻をついた。暗い足元に視線を移すと、鳥の餌らしきもので埋め尽くされている。出迎えはない。

「どうぞ」

　リビングの方から母親の声がした。

「失礼します」

　こちらの声量も小さくなってしまう。

　リビングは雑貨や資料が散乱しており、その隅で、重厚なデスクトップ型パソコンに向かう母親がいた。こちらが挨拶をしても声で応えるだけ。視線を画面から外さない。

「今、立て込んでいるんで」

　という台詞を何度も繰り返す。

Ａちゃんの学校での振る舞いを伝えるも、キーボードを叩く動きは止まらない。私は担任と目配せをして、早々に引き上げることにした。こんな保護者でも関係を悪くすることは児童にとって不利益になると考えたからだ。何より、この母親に何かを求めても意味がないと思えた。

その後のＡちゃんは崩れる一方だった。両親は離婚し、生活も不安定になった。それから受け持った担任たちは色々と手を焼くことになったという。

彼女の最終学歴は中卒となっている。中学生の時点で彼女と話したわけではないから、その時点で望んだ中卒かもしれない。しかし、それまでの過程が違ったら、そういう判断にならなかったのではないかと思ってしまう。

今でも思い出す場面がある。

彼女が一度、私の自宅に電話をしてきた夜だ。いつものように饒舌《じょうぜつ》ではない。

「どうしたの？　ゆっくりでいいからね」

と待ってみても、何も喋らなかった。色々質問しても「うん」とか「ううん」としか言わない。長い沈黙の後、

「何かあったら、また電話しておいで」

「うん」

と交わして受話器を置いた。

あのとき飛んで行って、強引にでも家庭から引き離す選択肢もあり得たのかもしれない。

そればかりを反芻《はんすう》する。

とはいえ、彼女に対してクラスメイトから苦情が多かったのもまた事実だった。

彼女が声を上げたり、ノートに悪戯書きをすれば、授業を中断して指導したり、被害者がいればその子を宥《なだ》め、再び前向きにしなくてはいけなくなる。時として精神的なケアも必要になろう。それをしていたら、やりたい学習内容のほとんどが消化できないこともある。

「あの子がいるといないじゃ、全然違うわ」

Ａちゃんが休んでいるときにそのクラスに教えに行っていた教科担当者が、いつもと違う爽快な雰囲気で放った言葉が忘れられない。普段は疲労困憊といった女性教諭の晴れ晴れとした顔を見たとき、正しい教育の在り方と一斉授業方式の限界について考えさせられたものだ。

この女性教諭の感覚は異常なものではないし、教員をしていれば誰しもが経験することだ。問題児がいれば、手をかけなくてはいけないことが激増し、疲労度は増す。心に余裕を持って教育活動ができなくなることだってあるだろう。そうすれば、ネガティブな連関が続き、クラス全体の状態すら悪くなる。大抵の場合、毒親↓毒親の子供↓クラスメイト↓教員↓クラス全体というように崩壊が広がっていく。特に小学校ではその傾向が強くなる。

実際にその日、

「Aちゃん、嫌い」

と私に耳打ちをしてくる児童もいた。Aちゃんが学びたい子の邪魔になっていたことは明白だった。

小学生の抑鬱傾向

その証明の全てとは言わないが、昨今小学校における暴力行為が急増している。

１９９７年は１４３２件だったのに、２０２０年には４万１０５６件と約29倍だ。対教師、生徒間、器物損壊のいずれも増加しているのだが、生徒間が３万５４８件（全暴力行為事案の74・４％）と群を抜いている(102)。

かつては「雨降って地固まる」と子供の喧嘩もある部分では許容されてきたが、現在の生徒間暴力が生徒の精神を成長させる「雨」になっているのかどうか疑わしいと思っている。なぜなら、こういった行動を起こす生徒に抑鬱傾向が見られることがあるからだ。

抑鬱傾向のある小学生がどの程度いるかを調査した研究がある。２０１２年12月から２０１３年１月に近畿地方で３４７３人の児童と教員１１６人を対象に行われた同研究の結果は、全体の８・４％、男子の９・０％、女子の７・８％に抑鬱傾向が見られるというものだった[103]。

抑鬱傾向の児童とそうではない児童を比べると、前者は「行動が年齢より幼い」（42・6％：後者は26・4％）、「やってはいけないことをしても悪いと思わない」（28・5％：後者は16・4％）、「座っていられない、落ち着きがない」（26・8％：後者は17・1％）、「暴言や暴力がある」（26・1％：後者は13・9％）、「休み時間に友人の交流がない」（19・7％：後者は５・３％）、「学習意欲がない」（16・5％：後者は５・７％）、「学校生活全般に元気がない」（８・９％：後者は２・０％）、「物を壊す」（８・９％：後者は５・０％）という８項目で、後者を上回っている。

今まで、小学生の抑鬱傾向について調べた適切なデータがないので、経年比較はできないのだが、教員仲間の話を聞いていても私自身の体感でも、精神的に不安定な子が増加していることは間違いないと言えるだろう。

ここまでをまとめると、眼前で起きた喧嘩を捌《さば》いたところで、根本原因は何ら解決できていないということになろう。地が固まりなどしないのだ。児童たちがなぜ抑鬱傾向に陥ってしまったのか、そこを解明し救済しなければ、暴力行為もその幼さも、自分勝手な態度も改まらないのだ。

30人クラスを想定してみよう。1人が重複してその行為をしている場合も多いだろうが、30人中8～9人が幼い発達段階、5～6人が善悪の判断がつかず落ち着きがない、4～5人が暴力行為や暴言を発するのが当たり前になってしまっているのだ。

この状況で平穏な心持ちで過ごし、人格を陶冶《とうや》できる子はどれほどいるのだろうか。「自分とは違う種類の子がいるのだ」という認識を強めるだけではないのか。

20年前、筆者が小学校で講師をしていたとき、幼い発達段階の子こそ一クラスに5、6人在籍していたが、善悪の判断がつかず落ち着きがない子・暴力や暴言の傾向が強い子など1、2人しかいなかった。それでも、クラス運営や授業運営が難しくなってきたと言われたもので、教育界は一教室に教員2人体制で対応することをし始めたのだった。

さらに筆者が小学生だった1980年代は、前記に該当しそうな児童は120人の一学年あたりでも片手で数えられるほどだったように記憶している。もちろん教員は一教室に1人だった。それでも現在と比べて、指導が行き届いていなかったようには思えない。

一方、中高では、教員が教科担任制であること、生徒が親を客観視できるようになっていたり、生徒たちの精神が発達し毒に対する耐性がついていたりするので、この崩壊傾向は弱まる。

私が中学生の頃は、典型的な非行少年が学内で暴れることによって、教員たちが駆り出され、授業が自習になることがしばしばあった。本来あるべき授業など成立しない。流血事件も折々見られた。それでも、授業が壊れるだけで生徒たちの心理が壊れたというケースは少なかった。

暴力は中1が最多

とはいえ、気になる数字がある。現在の中学校で暴力行為が発生する学年についてである。

2020年の中学生の暴力行為は中1が9427件、中2が6923件、中3が4074件と、中1の件数が他学年を大きく引き離しているのである。

1970年代から80年代の校内暴力や家庭内暴力と言えば、14・5歳がボリュームゾーンだった[104]。それが低年齢化しているのである。

また、暴力の対象も、かつては3割が教員に向かっていたが、現在は1割にまで減っている。増えているのは、生徒間のそれである。

「中1ギャップ」という言葉がこの10年、教育界に定着しつつある。これは小学校を卒業して中学校へ進学した際、これまでの小学校生活とは異なる新しい環境や生活スタイルなどになじめず、授業についていけなくなったり、不登校やいじめが起こったりする現象のことだとされる[105]。

とはいえ、これが中1の生徒間暴力の全てを説明するものとは思えない。

小中高生一般の暴力行為について、家庭の経済的不安定さや兄弟姉妹の不在、不適切な養育環境や受験のストレスなど様々な事案が原因だと文部科学省は示唆している。「最近の児童生徒の傾向として、感情を抑えられず、考えや気持ちを言葉でうまく伝えたり人の話を聞いたりする能力が低下していることなどが挙げられ」[106]るという。

その通りなのだ。小学生時点で幼く不安定な傾向を持っていて、それが中学生になったから急に解消されることなど期待できない。むしろ、制服と校則と学業に縛られ、身動きが取れなくなってしまう子が多数いるというのが正当な見方ではなかろうか。

子供を取り巻く大人の責任

この状態に対して、かつて中学生だった大人たちは「甘えだ」「昔もあった」「5月病だろう」と勝手な理解をし、力まかせの決着を付けようとする。

それは間違っている。

今の子供の幼さや不安定さを築き上げているのは、我々大人が与えたゲノムと環境なのである。これをわかった上で、彼らに最適な指導を与えるしかないと私は思う。

小中連携やカウンセラーとかを配置するというやり方、個々の生徒のカルテを作って真摯に向き合うことを求めるやり方がさも正答のように提示されるが、まずやらなければならないのは親の意識改革であり、次に教員のそれではないか。子供の近いところにいる大人がしっかりと彼らの状態と未来を考え、優先順位付けを行えば、今のような幼稚さや精神的不安定さを生み出す制度にはならなかったと言えまいか。

「子供が子供を育てている状態」は脱するべきだ。大人が大人にならなくてはいけない。そうでなくては、苦しむ子供が減らないのだ。

きちんと考えている親は、人間を鋳型に嵌めるような制度や学校は選択しなくなっているし、きちんと考えている教師は、現行制度の善し悪しを正確に見極め、より良い教育実践をしているものだ。

自分のクラスで授業を壊す行為をしたり、ひいては暴力事件を起こす者がいたりすると、安心して学習には取り組めない。学級会が開かれたり、強制的に話し合いの機会が設けられたりもするが、生徒から見て納得のいく決着になることは少ない。よっぽど実力のある教師でなければ生徒の合意は勝ち取れない。

なぜなら、教師に捜査権がないのはもちろんのこと、科学的証明や蓋然性の証明を行う方法を知らないからだ。また、多くの生徒にとってはその事件自体が自分に関係のない事案であり、どうでもいいことだからだ。

そこで教員が持ち出すのは状況証拠と被害者コメントからの事実認定、そしてそれまでの加害者の素行から割り出した「道徳的決着」である。その上で、最後にクラスでの共有という経路を辿る。教員室や会議では、

「この経験を通じて生徒を成長させるんです」

という。それは多くの場合、心優しく他人を思いやれる人間に成長させる、ということを意味している。

私自身それを求めるよう学校や先輩教員から言われ、指導の参考としてきた。が、この美辞麗句のような決着が僅かでも効果的なのは小学校中学年くらいまでではないだろうか。人間が論理的ではなく感情に左右され、観念的というよりは経験主義的であることを児童・生徒は皮膚感覚で知っているのではないか。自己利益で動くのが人間だという前提に立った上で、社会にはルールがあること、それを犯せば罰則があることを先に教えるべきではないか。

次の段階で人間同士のマナーや付き合いというものがあることを教え、それがわかった児童・生徒に「それでもなお、その犯罪を犯すのか？」「暴力行為をするのか？」「いじめをするのか？」と迫った方が意味を持つのではなかろうか。

「人の気持ちを考えなさい」だけを金科玉条のように求める行為は、極めて綺麗に見えるが、責任放棄をしているやり方に思えてならない。

かつて、教員に対して暴言を吐きまくる女子高生B子がいた。

「てめえ、うぜえんだよ！」「死ねよ」と顔を合わせる度に言う。教員の大半は薄ら笑いを浮かべてどうにかその時間をやり過ごすという状態だった。そんな状況で、一人の生徒が不登校になった。

理由は、教室が勉強できる雰囲気ではないから。詳しく聞くと、「先生がB子をきちんと叱らないからだ」と言う。その生徒は学校をやめ、別の学校に転学していった。

このような事態は、塾や予備校ではほぼ起きない。オンライン授業では起きようもない。一流教師が、塾の教室で、あるいは画面のなかから、自己が克己したエピソードを上手に話したり、プロフェッショナルの姿を見せたりする。それによって生徒は、自分も頑張ろうと気持ちを新たにしたり、困難への耐性を付けていったりすることもあり得る。

心の成長ができる場所も、生徒の側が選択すべき時代が来ているのである。

第五章　学校・教師の社会的地位の変化と社会の価値変容

1　尊敬されなくなった学校教員

学校教員の社会的地位の低下

かつて、と言っても戦前の話だが、教師は児童・生徒からも親からも尊敬されていた。その理由は、人格的に秀でていたからだけではなく、〝村の知識人〟だったから。権威的であったという意味を含めれば、第二次世界大戦までは多くの国民が「先生」に一目を置いていたと言われる(107)。

また、1955年から2010年にかけてのアンケートに基づくデータ解析調査において、「先生」と呼ばれる職業の社会的地位に概ね変化は見られないが、小学校教員については下落傾向となっているそうだ。戦後、国全体が豊かになり他の業種の社会的地位も上がっていったため、教員の社会的地位が相対的に低くなっているとも読み取れる。なお、バブル経済崩壊後は再び高くなっているが、これは、社会的地位というものが教育年数（学歴）や収入と強い相関を持つためと述べられている。また音楽家やパイロットなど専門職は一般に社会的地位が高い(108)。

大掴みの総括をすれば、学歴と年収と専門性によって支えられているのが社会的地位ということになり、文明開化以降、学校教員のそれは下落傾向であることに異論はなかろう。

保護者にも大学卒はもちろん、有名大学卒・大学院卒である方が増えたが、学校教員は逆である。以下に教員輩出校のトップ３と大学入試での偏差値を示す。

２０２０年の小学校教員就職者ランキング１位は福岡教育大学（50・0〜52・5）、２位は愛知教育大学（47・5〜55・0）、３位は北海道教育大学（45・0〜50・0）となっている。中学校教員のそれは１位日本大学（47・5〜57・5）、２位文教大学（45・0〜57・5）、３位北海道教育大学（45・0〜50・0）で、高校教員のそれは１位日本大学（47・5〜57・5）、２位大阪教育大学（50・0〜52・5）、３位早稲田大学である（62・5〜67・5）[109]。早稲田大学のみ偏差値が突出しているが、それ以外の学校は、大学入試学力において〝普通〟か〝普通よりもやや劣る〟学力だ。学業を教える立場の人間が学力で〝普通〟ならば、専門性を高めることは難しく、学歴が〝普通〟ならば、社会的地位が〝普通〟になってもおかしくはない。

明治期で言えば、師範になることのできた高校への進学率は、１８９０年頃でも２％程度[110]、戦後１９５５年の高校進学率は50％強、大学進学率も20％弱しかなかったが、現在は高校進学率が95%程度、短大・四年制大学進学率も55%となっており、学歴の希少価値は目減りした。

教員の給料は低くないものの、長時間労働が常態化しており、時給に換算すると数百円になる者もいる。金銭的に羨む状況にはない。

最後の砦である専門性についても、学力や知識量・社会経験・社会常識で劣る存在が学校教員であることは周知の事実と言えよう。受験指導も予備校講師の後塵を拝し、かといって、生徒を人間的に成長させることもできない。誰が尊敬の念を抱けるというのか。

ましてや、低能力で努力もしないにもかかわらず居丈高に子供を叱る、暴力事件を起こす、破廉恥行為を起こすといったニュースが溢れれば、軽蔑の対象にすらなろう。

2　学校が家からの追い出し先（子守場所）に成り下がった

保護者の学校に対する価値観も変化している。

学校は本来学びたい者が学びに行く場所、あるいは子供に学ばせたいことがあるから通わせる場所であった。江戸時代の寺子屋には商人の子供が足繁く通ったとも聞く。学校がいつの間にか文字通りの「義務」教育の場に成り代わったとは言い過ぎか。

親も子供も、とにかく行くべき場所という洗脳をされていて、子供は「行かなくてはならない」と駆り立てられている。深くは考えられていない。

学力や能力が伸ばせるならば他の場所でもいいのではないか。少なくとも学校に行くことで苦しんだり、無駄な時間を過ごしたくないと欲するならば別の選択肢を真剣に探し出すべきだ。

一方、2020年からのコロナ禍で明らかになったこととして、家庭側が子供に家にいてもらっては困るという点が挙げられる。「学校が休校で子供が家にいて、働きに出られない」とか「子供が家で騒いでストレスだ」とか「子供に手を上げてしまった」という事案はよく耳にした。つまり、子供のお守りを学校が担っている状況だ。

この話を聞く度、子供が学校以外では何の活動もしなくてもいい時代を反映していると痛感した。農業や商店を営む家庭であれば、子供に手伝いをさせることなど当たり前であった。いや、家事・育児の手伝いでもいい。そういった、子供ができる役目がなくなっているのが現代日本だと言える。

さらに踏み込んで書けば、学校にお守りを依頼したい親の児童は比較的手のかかる子だ。

一人、家で読書や学習をすることができない子なのである。その状況がそのまま学校に持ち込まれる。それが学校という場所だよ、と笑ってばかりもいられない。各家庭で必要な躾を放棄することに繋がるのだとしたら、看過できないだろう。

繰り返すが、我々学校教員は学力・能力の伸長と社会における人格の陶冶を担っているのであり、プリミティブな家庭教育までを担うことはできないのだから。

3 PTAが揉め事・不倫・自己欲望の片棒を担ぐ組織に

違法組織

かつてPTA活動と言えば、専業主婦の方々が好意で担当してくれる活動だった。どんなに非効率でも手作業でベルマークを集め、集計してくれたり、運動会や文化祭での駐車場案内、学区内の見回り当番などを受け持ってくれたりしていた。

それがいつの間にか、強制加入の忌み嫌われる組織に成り下がっている。PTA担当になった教員は、残業と心労が増えることを覚悟しなくてはならない。

その理由は大きく二つ。一つは違法組織であるという点だ。

ＰＴＡは任意団体なので、強制加入の法的根拠を持たない。であるにもかかわらず、新学期になると希望者がいなければ、くじ引きなどで強制的にその任務に就かされる例が後を絶たない。

「うちは、介護しなきゃいけない者がいるんで、どうしても動けないんです」

悲痛な保護者の訴えを聞いても〈「できる範囲でいいですから」と応じないで下さい〉という旨のマニュアルを渡されたことすらある。

「なんで、こんなことしなきゃいけないのよ！　ちゃんと学費払ってるんだから、学校でやって下さいよ！　保護者に頼らないといけないことなんか止めて下さい!!」

そう恫喝されたこともある。内心、「ご尤《もっと》も」と思っていた。

そんなとき、私は決まって、

「まあ、無理なときはサボっちゃって下さい。これボランティアなんで」

と言ってどうにか怒りを抑えてもらうようにしていた。

そう言いながら、違法行為の片棒を担ぎ続けている自分に背徳心を覚えていたことも事実だ。何度も管理職に進言したが、どの学校でも受け入れられなかった。

校則違反をした生徒に、

「あんたたちだって、違法組織を作ってるだろう！」

と言われたら返す言葉もない。

学校という、正しいことを教えると標榜している場所で明らかな違法行為が営々と行われている事態は改善すべきであろう。アンチＰＴＡの保護者は、自分の子女にその怒りを零す。子供が幼ければ幼いほど、苦しんだり学校を見限ったりする。当然の結末だ。当然なのだが、学びに対する意欲も失わせることがあるとしたら、罪深いと思う。

保護者の言う通り、できないことはやらなければいい。希望者がいなければ、その年度のＰＴＡを少人数で行ったり、海外などではボランティア制度で行ったりする学校もある。それで、不都合は起きていない。

もう一つの理由は問題量産組織であることだ。

地元の市会議員選挙に出馬したいからＰＴＡ会長に立候補する者の存在、母親同士のいじめ問題、ＰＴＡ内での不倫問題など教育や児童・生徒の成長と何ら関係ないところで問題が噴出する。担当教員はそれに巻き込まれる。誰に利益があるというのか。

また、過度に教員と距離を縮めた保護者が、学校側に強い要求をしてくることや悪い意味で教員と個別の関係を築くといったことも枚挙にいとまがない。

教員は子女の〝評価〟を担当する側面がある。にもかかわらず、クライアントたる立場の保護者と度を超えた親交をすることは公平さを失する。強権的な立場や個人的関係を笠に着たボス的な保護者に他の保護者は意見できない。したがってボスの思考が恣意的になればなるほど、学校教育は劣化し、教員は疲弊していく。

学校側は、こうしたＰＴＡ組織の継続について「今までこれでやってきたから」と思考停止した言い分を繰り返すことが多い。私の経験でも、既述した「ボランティア制度にしても問題ないんです」と代案を提示しても管理職たちは動かなかった。

もちろん、ＰＴＡ活動が楽しい、充実していて勉強になる、学校の情報が手に入る、仲間ができるというポジティブな声があることも知っている。私が主張したいのは、現行制度でないとその利益が享受できないのか、という点である。完全希望制ＰＴＡでも、プロジェクトごとの完全ボランティア制でも、同等の利益は手に入るのではなかろうか。実際に、その方式で成功している小学校もある[11]。

４　国内外で広がるオンライン教育の実態

ＭＯＯＣ

２００８年頃から大学教育で始まったＭＯＯＣ（Massive Open Online Course：大規模公開オンライン講座）は、誰でもインターネット上で学びができることを理想として作られたシステムで、拡大傾向が続いている。

２０２０年現在、参加協力大学は９００校以上、講座数は１万３０００超、累計登録者数１億２０００万人超の盛況ぶりだ[112]。この動きに加え、自国の言語で設立されたＭＯＯＣもある。

日本版ＪＭＯＯＣは、大学37校を含む86機関が参加し、５３６講座、登録者は１４３万人に達している[113]。

タイ国版の Thai MOOC は大学67校を含む１００機関超、４８０講座、ユーザーは90万人近い数になっているし[114]、他にもＥＵやオーストラリア、インドやフランスなどでも行われている。

さらに、アジア圏内の大学の雄である精華大学（中国）が開始し、現在6大陸14カ国に広がったGlobal MOOC Allianceという機構も、複数国間で協力して教育をしたり、教師養成をしたりしてもいる(115)。

筆者自身、MOOCで10講座以上を受講したが、学習するにあたってなんら問題は感じなかった。わからなかったところを繰り返し聞き直せること、いつでも休憩を取れること、飲食をしながらでも学べること、ネットワークにさえ接続できれば時間と場所の制約を受けないこと、そこから派生して移動時間と交通費を削減できること、システムによっては講師の説明速度を倍速に調整できることなどメリットは多かった。

疑問点があれば掲示板などで問い合わせることもできるし、一般的に参加年齢などの条件はなく、費用は無料である。そして何よりも自分の学びたい分野や学問が基礎レベルから大学院レベルまで見つかるという点が大きく、極めて生産性の高いものとなっている。

ミネルバ大学

キャンパスを持たずに高質の教育を提供する成功例としてミネルバ大学（正式名称はMinerva Schools at KGI。以下、通称のミネルバ大学と記す）に触れないわけにはいかないだろう。

同校は２０１２年にアメリカ・サンフランシスコで創立されたベンチャービジネスである。創立者は、スナップフィッシュ（Snapfish）というオンライン写真サービス会社の創業者であるベン・ネルソン。

同国のトップ校の入学が実質的に一部の富裕層の子女に限られている歪んだ構造を是正したいと考え、授業料を安く抑えたうえでトップ校並みの教育内容を提供することを理念として立ち上げられたのがミネルバ大学だ。住宅費や食料費、書籍代などを合わせても年間３万５０００ドル程度[116]。トップ校が平均５万６０００ドルである[117]のと比較すると、破格の安さである。

同大学が学費を低めに設定できるからくりの一つは、キャンパスが事実上存在せず、他大学のような豪華な設備を用意・維持する必要がないことと、知識を吸収するための授業をＭＯＯＣのオンラインコースや地元のコミュニティカレッジにアウトソーシングしていることだ。当然、それぞれ経費や余分な人件費はかからなくなる。

学校が提供する教育の質も高く、各分野で世界トップレベルの教師が学生16・７人に対して１人ずつ配置される。大学が提供する授業は全て少人数のゼミナール方式で行われているという。指導者側のモニター画面には、生徒一人ひとりの表情や作業をしている手元がカメラによって映し出され、やる気や理解度が把握できる。また、個人の発言量を自動計測することができ、生徒間の発言量を調整しながら授業進行をすることも可能だ。さらに、音声は自動筆記機能で即時にテキスト化されるので、フィードバックがし易いのだそうだ。加えて、授業は録画され、発言内容・スキルの伸びや変化を判断することにも使われている。

一方、人的ネットワークの形成や学生の経験値向上にも力を入れていて、大学１年生終了時点で87％の者がインターンシップを経験しているし、２年生以降は学期ごとに世界の都市に移り住んでグローバルな体験を積んでいく。また、学生は大学のサポートを受けつつ地元のイベントに参加し、様々な組織の人間との関係も築いていく。例えば、１年時に建築の基礎を学習し、２年時にはドイツのベルリンに移住し、ベルリンフィルについて研究を深めるといったこともできる。

学校という枠に閉じ込めるのではなく、都市をキャンパスとし、世界から学ぶ姿勢を涵養《かんよう》していく取り組みは、今後卒業生の活躍によって評価が決まっていくのだろうが、筆者としては高い確率で世界をリードする人材を輩出すると予想している。

それは、もともと意欲と能力がある人間に、多様で効果的な経験の積ませ方をしているからである。２０１４年に第一期生19人が入学したが、その際の合格倍率は２・８％だった。２０１７年には１・９％まで低下し、「合格を勝ち取るのはハーバードより難しい」とさえ言われ、ハーバードを蹴って入学する者すらいるという。なお、同大学は16歳から入学可能だ。

ちなみに、入学試験は学業成績（特技・資格などを含む）、経歴（教室の外での活動）、イノベーションとリーダーシップにおける資質が重視されるという。学生の80％が海外出身で、書類選考を経てオンラインで面接を受け、その場でエッセーを書かされる。その筆記の一部始終もモニタリングされるのだという[118]。これくらい厳しいハードルを乗り越えた優秀な人間があのような濃密な時間を過ごせば、勝利は約束できずとも負けないことは当たり前だ。

では、初等中等教育段階のオンライン教育はどのような状況だろうか。

２０２０年、奇《く》しくもコロナ禍のおかげで、学校や塾がオンライン授業を始めたが、全体的にはまだ手探り状態というのが国内の現実であろう。

公立校を中心としたオンライン授業が実践できていない学校は、反対派やＩＴに未熟な教員の存在、児童・生徒家庭のネットワーク環境やデバイスの未整備などが障壁となっているという話をよく聞く。

実践を開始した学校は、Ｚｏｏｍやグーグルミートを用いたライブ授業、動画をユーチューブなどに保存して見させるオンデマンド授業をするのが通例だった。それも緊急事態宣言が解除されるにつれ、使われなくなっているという。

かといって海外でも、国営放送やユーチューブ、ＳＮＳやＺｏｏｍを用いた授業という形態の面では、大差ない。大きな差はコンテンツとシステムを整えた国との間にある。一部先進国では中高生向けのＭＯＯＣも作られ始めており、科学分野やＳＤＧｓ、英語ニュース教材に関する講座が開かれ、コースを修了すると修了証が発行されるところもある[119]。そうした国に比べたら、日本は遅れ気味と言わざるを得ない。

オンライン授業のデメリット

ミネルバ大学ほどの双方向性や記録性を持った形でオンライン授業ができていた例はごく少数である。何が障壁になっているのかを、そのデメリットと共に考えていきたい。

よく言われるデメリットは、①精神的に未成熟であればあるほどスケジュール管理ができない、②学校よりも集中できない・モチベーションが上がらない、③眼精疲労を生み出し易いなどの肉体疲労関連の問題、④ネットワーク環境の未整備や機材の不適合などで情報が受け取れない・発信できないなどのハード面や設備面の問題、⑤宿題・課題量が増加したり、質問がし辛いといった教科指導方法に関する問題の五つだ。

①②のスケジュールや自己の心理を管理できないというのは、年齢ではなく、向き不向きの問題や、その児童・生徒の関心度の問題であろうと思う。学校側が何かをするというより、自分と家族で最適な学習スタイルを選択することや集中しやすい環境を創出するしかない。ただし、私の教え子でも「まだ小さい弟がいて、ダメだって言っても騒いじゃうんです。だから家だとうるさくて勉強し辛かったです」という背景を抱えている者が数人いた。

育児や介護、家の近くで大音量を出す工事が行われていることなどは、いかんともし難い案件である。そのような児童・生徒にとっては、通学が選択肢になるだろうし、自宅近くの公民館などを開放するといったサービスがあってもいいと思う。

オンライン授業のデメリットとして、③眼精疲労を生み出し易い、という点がある。これは非常に厄介だ。教え子の中にも数カ月のオンライン授業で視力を大きく落とした者がいた。ただ、これについては④ネットワーク環境の未整備や機材の不適合の問題と合わせて、公私が協力して整備してはどうか。視力への負担が大きかったのは、タブレットやパソコンの使用者ではなく、スマートフォンの使用者だったからだ。全家庭にＷｉ‐Ｆｉを整備するのは予算がかかり過ぎると理解できる。が、図書館や公民館といったスペースに学習用の無料Ｗｉ‐Ｆｉがあってもいいのではないか。実際に東京の小平市中央公民館などでは、無料公開を始めている[120]ので、できない話ではなかろう。そういった施設でタブレットやパソコンを一時的に借りられてもいいと思う。

⑤教科指導に関することで言えば、やはりミネルバ大学レベルの手元カメラの設置やアプリケーションを使いこなせる教師たちを育成しない限り、現状の域を出ることは難しいだろう。せめてできることは、教科間連携をして生徒に過度な負担を強いないことくらいか。教員が他の教科との連携を密に取り、課題の量を調整することなどは基本だが、教科ごとにセクト化した日本のシステムでは、なかなか現実的なものとならない。

ちなみにＩＢ（ＤＰ）教育では、全科目の教員が同じ教育用管理アプリケーションを用いて、目標・スケジュール・カリキュラムの進捗度・生徒の現状・評価・出欠席・生徒との連絡・提出物などの受け渡しなどを行う。これはクラウド管理がされているもので、教員・生徒・保護者はネット環境さえあればそれぞれに必要な情報を入手できる。教員側からすると、他教科が何をしているか、あるいはそれぞれのプロジェクトがどのような活動をしているかなどを認識することができるのだ。

また、同時期に開講している科目が自分の担当している科目以外に五つと少なく、それ以外の論文作成なども数分もあれば把握できるようになっていた。加えて、年間の計画が場当たり的ではなく、2年間のカリキュラムが始まる前に作られているので、どの教師も生徒の2年間を見通すことができ、どの時期にどの科目の課題量が増加するとか、どの時期は比較的時間に自由があるとかを理解できていた。

オンライン授業の量を増やすのであれば、生徒には直接見えないこういった背後のシステムを準備しておくことも肝要だろう。

東進ハイスクール

一方向のオンライン授業で明らかな結果を出した事例は東進ハイスクールであろう。同社は、業界の一流講師を集め、映像授業を配信するという方式を取っており、フランチャイズ校を合わせて全国に1000校（2021年時点）を超える校舎を展開するという成功を収めている。

私の教え子で同予備校を活用していた生徒は、「自分のペースで動画を見られるのが良かったです。スピードも上げられるし、何度も見られるんで。それに、博士号を持っている先生もいて、メッチャ詳しいんですよ、その科目に」と目を輝かせていた。その生徒は自分に必要な科目のみ動画で履修していたが、あっという間に成績を伸ばし、旧帝国大学の理系学部に現役合格を果たした。

現行の筆記入試システムであれば、わかり易い解説と深奥なる学問の知識が伝わる動画、それを適切に見られる環境さえあれば結果を出せることの証明だろう。

もちろん、いつかは機材を揃え、ミネルバ大学でやられているような双方向かつ濃厚なオンライン授業も取り入れていかねばならないことを教師は肝に銘じておくべきだ。特に上位の生徒を引き上げるには、この要素が欠かせないものとなってくるだろう。

5　海外のホームスクーリング事情

ホームスクーリングのメリット

学校に行かないことを認める制度が海外にはある。既述したホームスクーリング（イギリス圏では「ホームエデュケーション」と呼ばれることが多い）と呼ばれるやり方だ。文字通り、家で学ぶことを認める制度となる。その起源は１９７０年代にアメリカで始まったホームスクーリング運動にあるとされる。

子供たちを単純労働者に仕立て上げるために設計されたカリキュラム——機械的繰り返しばかり行う学習——によって、抑圧的な教室環境を作り出した学校制度に異議を唱え、始まった動きだった。

当初は１万３０００人程度で始まったムーブメントだったが、１９９０年には30万人ほどに、２０１０年頃には１７０万人を超え、現在は２２０万人にまで拡大しているという。なお、１９９３年以降、50州の全てでこの方式は合法化されている[121]。

オーストラリアでは、２０１２年の調査で４０００人程度しかいなかったホームスクーリング選択者が２０１８年には１万９０００人と5倍近い増加を見せている。他にも増加傾向を見せている国としてフランス、中国が知られている[122]。

まず、この方法のメリットについて考察したい。

①自分に合ったカリキュラムを選択できること、②自由かつ効果的なスケジュールが組め

ること、③クラスメイトとの競争や彼らから受ける重圧、ひいてはいじめを回避できること、④自らの宗教に基づいた、あるいは宗教観と連関させた生活ができること、⑤親子の絆が深まること、⑥成績が上がること、という六つがメリットとして挙げられることが多い(123)。

①〜⑤は想像に易いのではなかろうか。特に③のいじめはコロナ禍で子供同士の接触機会が減ったことで大きく減少したというデータがある。文部科学省は２０２０年度の「児童生徒の問題行動・不登校等生徒指導上の諸課題に関する調査」において、いじめの認知件数が前年度比約10万件減の51万７１６３件だったことを明らかにしている(124)。

逆に、⑥成績が上がるとは俄《にわか》に信じがたいというのが、日本における一般的な感覚ではないか。カタール大学のマイケル・Ｈ・ロマノウスキー教授は、マンツーマンの状態かそれに近い状態で行われるホームスクーリングは、子供の興味や理解度に着眼し即座に対応できる、学校でのネガティブな学習体験をしなくても良くなる、成績評価の度合いを小さくし知識の吸収を促す教育によって知的好奇心を高められていると論じている(125)。

実際に、日本の高校３年生が受験をする「共通テスト」のアメリカ版であるＳＡＴの点数を比較した研究が存在する。この研究によればホームスクーリングの学生の成績は公立学校の生徒平均よりも７・４％得点が高かったという(126)。

ホームスクーリングのデメリット

では、デメリットはどのようなものが考えられるだろうか。

「人とのコミュニケーションスキルが身に付かないのではないか」「人を思いやる気持ちが育たないのではないか」という心配がその最たるものだろう。

確かに家の中だけに監禁するようなホームスクーリングであれば、人とのコミュニケーション能力は向上しないだろう。が、親も子供もそんなに愚かではない。

ホームスクーリング研究の第一人者ブライアン・D・レイはホームスクーリングを選んだ子供たちの方が公立学校に通う子供たちよりも社会のコミュニティに入っていき、異年齢の人々と数多くの交流を持っていると看破している[127]。コミュニティの活動や日本の習い事、ボーイスカウトのようなものに参加すれば、社会性や協調性は育成できるのだ。

教育界に長く身を置く者としては、学校で最も効率良く社会性や協調性が身に付くとは思えない。大学卒でも大学院卒でも人付き合いが下手だったり、自己利益最優先の思想を持っていたりする者は多い。

これは学校というシステムが社会から切り取られた空間で完結していて、子供たちが家庭と学校や学校文化だけの生活を長く送るからだとは言い過ぎか。

記者時代、取材し難い業種の一つが学校教員だった。透明性を高めることよりも学校の利益や自己保身を優先させ、語らない性情を持つ人物が多く、まさに社会とのコミュニケーション不全を起こしていると感じたものだ。

逆に中卒だろうと、いや義務教育すら受けていなくても、社会性や協調性が高く利他的な人も数多いと思う。

加えて家庭環境の影響が強いのは当然として、学校よりも習い事の場や課外活動としての部活動の方がそうした力を持っていることも日本では周知の事実だろう。そうであれば、社会性・協調性の涵養もホームスクーリングで礎を築き、地域活動や習い事を通じて固めていくという選択肢は否定されようもない。

つまり、〝学校型のコミュニケーション能力〟育成には問題として映るが、社会的なそれとしては何ら問題にならないというわけだ。

次のデメリットは、施設の不備や人間が必要なことを体験できないことであろう。理科の実験を家庭で行うことは難しいし、顕微鏡を持っている家庭も少ないだろう。また体育などで行うチームスポーツの醍醐味や音楽での合唱などが体験し難くなる。アメリカでは後者の問題を解決するためにホームスクーリングをしている家庭同士で、そのときだけの協働活動をすることもあるらしいが、少なくとも前者はいかんともし難い。

家庭によって教える内容に濃淡が出てしまうことも問題とされよう。少なくとも現行制度・カリキュラムを維持する前提に立った場合、大きな批判の対象となろう。

指導役である親の質も問題となろう。誰にでも子供に学問を教えられる知識や能力があるわけではない。また教える内容はわかっていても、上手に教える方法に詳しくないことも多かろう。これら指導内容・指導役の質の問題については、最終章で私なりの解決策を提示する。

とはいえ、すでに書いたように、日本でも2016年に「義務教育の段階における普通教育に相当する教育の機会の確保等に関する法律」が成立したので、学校に通わずとも出席になり、認められれば評価もされるようになった。ホームスクーリングの一部容認と言っていい。

ただし、これは義務教育課程におけるものであり、評価も義務教育学校のカリキュラムが前提となるため、「関心・意欲・態度」の面で低い評価を受けることも少なくない。通知表の成績で低い評価を受ければ、進路が限られてしまう。その部分だけでも、まだまだ改善の余地はある。

高校はと言えば、通信制高校があるし、高等学校卒業程度認定試験（旧大学入学資格検定）のための予備校も用意されているから、家庭だけで学習を完結できるという発想には至っていないのが現状だ。

6　科学研究における敗北傾向と彷徨う博士たち

〝注目論文〟の順位の低下

日本の学校教育が一般社会から信用されなくなってきている兆候を示すのに、学術面での劣勢があるかもしれない。

「日本の学校で勉強を続けていても世界で勝てない」

私の教え子のなかに、そう言って海を渡った者は多い。私自身、彼らの背中を押し続けてきた。「やりたいことのトップレベルかそれにできるだけ近い方が良い」とも言ってきた。日本がアドバンテージを持ってきた科学研究が、力を失いつつあると感じるからだ。自然科学分野における論文の注目度でランクを落としていることがその証左だろう。

２０２１年８月に文部科学省が発表した報告書によれば、研究者による引用回数が上位10%に入る〃注目論文〃の数において、日本はインドに抜かれ前年の９位から10位に転落している。この順位だけが問題なのではない。その本数に注目して欲しい。

〃注目論文〃数トップの中国は４万２１９本（２０１７～19年の平均）で、２位のアメリカが３万７１２４本（同）であるのに対し、日本は３７８７本[128]。中国、アメリカの10分の１以下なのである。

時代の行く末を占うであろう人工知能（ＡＩ）の研究に焦点化してみよう。２０１２年から２０２１年までの10年間に中国から発表された論文は25万本弱、アメリカは15万本強となっている。対する日本は５万本弱だ。引用される質の高い論文のシェアも中国が20・７%、アメリカが19・８%となっている。

世界最高峰と称されるＡＩの国際会議「NeurIPS」によると、ＡＩ分野の研究者は中国出身が29%、アメリカが20%となっているという[129]。

ポスドク問題

日本の研究者たちは悲惨だ。勉強をし続けても就職先がない。博士課程を卒業した後に薄給で大学などに務める博士研究員（Postdoctoral Fellow、通称「ポスドク」）は現在、国内に1万6000人ほどいるとされる(130)。この地位だと通常1～3年契約の非常勤となり、昇給や社会保障などは十分でない。公のデータはないが、平均的な年収も300万～400万円もらえれば御の字で、200万円を切る場合もある。

正規の地位を確保するための採用試験倍率が100倍になることも珍しくない。それだけでなく、年齢的にライフイベント（新卒での就職、結婚、出産、育児等）も重なってくるため、どちらかをあきらめざるを得ない状況になることだって少なくない。

学問に勤しんできた結果、このような事態に陥る人々の存在が報じられれば、優秀な人材が研究を目指さなくなってしまう。経済的に恵まれた人だけが研究職を目指し、そうではない優秀な人々は起業したりベンチャー企業に就職したりする、あるいは医師や国家公務員を目指す方向に流れていることが予想される。

国立の大学院を歩いてみると、外国からの留学生が多いことがわかる。いつか自国に戻って、学んだ知識を活かそうとする彼らの姿勢には感銘を受けるし、尊敬に値する学びをする方も多い。ただ、その一方で日本の国力の衰退を予感せざるを得ないのも事実である。その姿は下の世代にも伝わり、研究をすること、学問を修めることの魅力を減退させていはしまいか。修士課程から博士課程への進学率は、１９９１年度の16・１%から２０２０年度９・４%と、30年で半数程度にまで下落していることは若者の心理を表してはいまいか[131]。

これらの結果が産業競争力の低下に連関するだろうことは論を俟《ま》たない事実だろう。２１０万人の研究者を抱え、大学だけでも研究開発費に年間40兆円以上も注ぎ込む中国[132]には科学研究では勝てないと白旗を揚げるのか。同14兆円に留まっている日本の研究開発状況に対する我々の覚悟と未来が問われている。

大学院での研究ではなく、学部レベルの実学の分野でも大学の教育には強烈な批判が寄せられている。日本電産を創業した名経営者で京都先端科学大学の理事長となった永守重信は、「(現在の大学には)社会に出て直ぐに活躍できる素地を身につける教育システムが整っておらず、日本が国際的な競争に勝つためには、世界水準の実戦力を備えた人材を育てる教育機関を自分の手で作らなければならない」と言う。

一流国公立大学を卒業しても人間的な常識もなければ、英語も話せない、経済学もモーターの知識もないといった大卒生たちを９００人入社させ、育成してきた20年の経験からの発言だ。

この指摘は重い。開発の現場や商品を売っていく営業などにおいて、教育が何の力も持っていないと言われたに等しい。そのような人間を大量に生み出すようなレースに参加したくない、と思ってしまう中高生がいたとしても不思議ではない。それは若ければ若いほど、自分の社会的価値を高めたいと欲する、至極真っ当な欲求の裏返しではなかろうか。

7　消費者傾向の強まりと規制業種としての無マーケティングの間にある乖離

規制産業である学校はマーケティング志向なしでも成立し得た。消費者無視、換言すれば生徒無視のマーケティングである。

教育には暴力的に押しつける面がある。「教育とはこういうものだ」「学校とはこうあるものだ」「これを勉強するべきだ」という固定観念が先に来て、生徒の感覚や希望といったものの優先順位が下がる構図だ。

筆者は長年、教育界にいたので、完全な商売思考、マーケティング志向では教育ができないことは身を以て知っている。

とはいえ、生徒目線を欠いている部分が多過ぎはしないか。そして、それは消費者意識が高まりきっている一般市民感情と大きな乖離《かいり》を生んではいまいか。

学校教育関係者は、学校の認可制度と教員免許制度に守られて、マーケティングの意識をゼロにすることができた。その陥穽《かんせい》を教育愛や師弟愛、国家主義や教員を尊敬する文化で乗り越えられた時代においては、学校制度は機能的だった。

しかし、戦後の経済的復興を経て、徐々に立ち行かなくなったというのが歴史の真実ではなかろうか。先に示したように、８人に１人の割合で不登校・不登校傾向の生徒がいる現状は看過できない。

かといって、全ての人間に適合したシステム・制度を作り上げることは現実的でない。だとすれば、様々なパターンの教育を準備しておけばいい。そこから消費者たる児童・生徒側が選択することで齟齬は減らせる。

１億総消費者とも言える日本だが、その傾向はより強まっているように感じる。

「金払ってるんやから、ちゃんと仕事せえよ！」

「いくら払ったら、進級させてもらえますか？」

「親心としては、大学さえ卒業してもらって、それなりの就職をしてもらえればいいです」

これらの意見を私自身、あるいは同僚が保護者から言われることは増加傾向にある。

私が私学に転じたからかもしれないが、消費者として金銭の要素を持ち出す保護者を今や当たり前に感じる。そして、当然の権利だと思う面もある。支払った対価分の仕事をしろ、という要求は消費者の権利だからだ。それが学校教育現場で聞かれることが今まで少なかったというだけだ。


ただ、違和感を覚えることとしては、親の側が子供の心理的成長や能力の成長のためにその言葉を発しているのではないケースが大多数であるという点だ。我々の生活指導の内容や学力向上のための行為に対して前記の意見を言うのではなく、進級・入学ができるか否かとか、成績を高くつけてもらえるかどうかという論点で言うのである。

正直なところ、情けなかった。教育の質には目を向けようとせず、皮相的な数字や結果だけに拘《こだわ》る思考。市議会議員をしている保護者に泥酔した勢いでこれを言われたことがあり、若かった私は頭を抱えるほかなかった。

功利主義と言うべきか。結果主義と言うのが適切か。はたまた教育に対する冒涜か。

少なくともこのとき、自己と自分が大切に思う人のメリットを最大化したいと欲するのが、人間の一つの本能なのだと理解した。そしてその人間の性向から逆算しつつ、効果的な教育をしようと思索を始めたことが懐かしい。

8　コロナウイルスに壊された学び合い

２０２０年から世界的に巻き起こった新型ウイルスのせいで、学校が今までのやり方を取ることができなくなってきた。まさにコロナ禍である。

生徒や教員など学内に感染者が発生したら、学校は基本的に休校になった。保健所の指導を仰ぎながら学校長権限で休校を決定するので、ルール上学校を開き続けてもいいが、実際はそうならなかった。生徒の安全確保を最優先に考えたら、一斉授業はできないからだ。また、保護者から来ると予想されるクレームも怖い。この休校は３日程度に設定されることが常だった。実際に筆者の勤務校もその災禍に見舞われ、数回休校した。

休校すると、学校は予定されていた学習時間を確保できないので、夏休みや冬休みなどの長期休暇を短くしたり、行事をなくしたりして授業時間に充てるなどの対応を取ってきた。これで、授業数は吸収できた。

しかし、授業は今までのようにはいかないことが想定される。

例えば、ペア学習やグループでの話し合いを教員が用意しても、感染を恐れる生徒が一人でもいれば成立しない。私も「先生、席を移動したり、音読するのは怖いです」と生徒に言われたことがある。真面目に授業は受けたい。でもウイルス感染は避けたい。生徒からそう言われてしまえば、音読や話し合い、ペアワークやグループワークは止めざるを得ない。何の医学的根拠もなしに「大丈夫だからやりなさい」と強権を発動させることは、生徒の成長に繋がらないし、社会的に不合理だからだ。

他の科目でも総合的な学習の時間でも委員会活動や部活動でも、ペアやグループでの学び合いをしてきた。それは学力向上面、社会性の醸成面でも効果的だったと言っていい。

しかしながら、その授業形態を拒否するのに妥当な事情が立ちはだかったのだ。その事情を汲み、一斉授業を行うとすれば、演習型授業か講義型授業ということになるだろう。状況としては同じ空間に座すものの、行為としては一人で聞き、一人で考え、一人で答え、一人で練習する、というものだ。多少の問答はあるだろうが、活発な議論を形成することは難しい。

　これからも新型コロナウイルスのような感染症が人類を襲うだろうということは容易に想像が付く。その度ごとに一斉授業の〝振り〟をした一人授業を繰り返すのだろうか。

　いや事態はより深刻なのかもしれない。インフルエンザや風邪の疑いがあるクラスメイトに対して、別の児童・生徒から「あの子とペアワークはしたくありません」と求められたとき、我々はどういう判断をするのが適切なのだろうか。「自分の利益ばかり考えていないで、言われた通りやりなさい」と言えるものか。

　児童・生徒が〝義務〟として教室の席に座らせられるのではなく、彼らが自分たちで選んで座る権利が優先される時代が到来したと断じられよう。

最終章　提言

1　誰でもいつでも学べる環境を
――単位制度とカリキュラム変更を踏まえた教育の自由選択制に

現在も学歴社会は続いている。ここ数年、東京大学ブームで喧《かまびす》しい。難関大学の合格が持て囃《はや》され、難関大学の卒業生の就職率は良いままだ。これは日本に限った現象ではなく、中国・韓国・香港・インドなど各国でも見られる。アメリカでもハーバード卒やＭＩＴ卒は一目置かれる傾向があるという。

だが、日本の学歴依存度、ひいては肩書きへの信頼度が強過ぎはしないか。これは真の実力を判断できない、あるいは尺度を一般的なものにすることで責任を転嫁する思想の表れではないのか。そろそろ目の前の人に実力があるか否かを見極める能力が必要だと気づきたい。

ホームスクーリングやオンライン授業など何を用いて学習してもよいから、知識と技能を身に付けることを目指すべきだ。もちろん現在同様、学校という場所に足繁く通ってもよい。子供も自分が最も伸びる場所はどこか、親としても自分の子供の能力を最大化してくれる教育機関・方法は何かという観点で状況を考察しなくてはならない。

それを皆でやっていかなければ、日本の国力は一気に他国に抜き去られる。それはできる限り避けるよう尽力すべきだ。さもなくば、抜き去られた後の始末と、不利益を被ることを子供・孫の世代に了承してもらわねばなるまい。

では、どうするか。

まずカリキュラムを初学者から上級者のレベルに合わせて段階的に用意する。例えば算数１から始めて数学ｎまでを一列に並べるのである。数学検定や公文式の要領だ。これを職業教育や教養教育を含め、考え得る科目全てに用意しておけば、自分に必要な科目を選んで無駄なく段階的に学んでいける。

次に、学ぶ場所や方法の選択ができる制度に変更する。実力の保証が必要というのであれば、修了証の発行や認定試験を作って対応することも一案だと思う。

現状、英語検定の結果が良ければ、大学入試の英語部分を受験しなくてもよいとか、満点に換算するといった学校も増えている。英語の能力は実用英語能力検定の級で判断する、というのだ。

海外に留学するときも各大学が独自に英語の試験を作ったりはしない。ＴＯＥＦＬかＩＥＬＴＳという英語能力を測る試験の点数を提出するだけだ（アメリカではＳＡＴやＡＣＴが必要になる場合もあるが）。その論理と同じで、小学6年生だったら〇級レベルの修了証とか中学3年生だったら△級レベルの合格証を求めればよいという制度だ。

これが認められれば子供は自由に学ぶ順序を決められる。好きな科目を自分のやりたいだけやってカリキュラムを先取りすることも、苦手科目にじっくりと向き合うことも可能になる。能力の担保もより平等で正確な方法で行われると言っていい。一教員の主観が入り辛くなるからである。

また定期考査という形態も変えることができる。教科担当者や資格認定者のタイミングで能力を測れるし、受講生はそこから逆算して自分のカリキュラムや学び順を自分で設定できるのである。

さらにメリットとして、4月入学に拘らなくてもよくなるということが考えられる。

２０１０年、東京大学が教育のグローバル化、留学のし易さ・留学生の受け入れ易さなどのメリットを鑑み「春入学を廃止し秋入学に全面移行」という方針を表明したが、一部秋入学を実施するにとどまっていて、全面移行には至っていない現状がある。また、高校以下の9月入学に関する議論は棚上げになったままだ[133]。

これは、予算編成が4月始まりの3月締めであることや医師国家試験など資格試験の日程が３月卒業・修了を前提として作られているなど、学校外システムも全て変えなければ難しい、という判断からである。これは妥当な反論なのだが、日本の学生が海外の学校を目指すとき、逆に海外の学生が日本を選ぶに当たっての足枷になることも事実なのだ。

だとすれば、いつでも入学できる制度・自分のペースで学べる単位制度を作ることで、どちらの利益も得られるのではないか。

かのイリッチが、義務的に教えられる要素の強い学校から自主的な学習者に変わっていくために求めたのが、いつでも誰でも「自由に技能交換できる」社会だった。インターネットの普及により、その理想が現実のものにできる時代が来ているのである。あとは、やるだけだ。

オンラインで単位が取れ、それを社会が認めれば、多くの貧困家庭や介護家庭が救われる。

２０１８年の国民生活基礎調査では、中間的な所得の半分に満たない家庭で暮らす18歳未満の子の割合「子どもの貧困率」は、13・５％だった。実に子供の７人に１人が貧困状態にある。また、本来大人が担うと想定されている家事や家族の世話などを日常的に行っているヤングケアラーは、中学生で５・７％、17人に１人となっている(134)。

このような家庭の子たちは、部活動や行事に参加することも憚られるし、学校に通学し無駄な時間を過ごす余裕はない。アルバイトの時間を確保したり、時間を有効に活用したりすることを優先すれば、安価に学べる状況を確保することは是だと言えよう。

ホームスクーリングだと親の時間や家計にも制約があるし、親の能力不足が障壁となることもあろう。前章のアメリカの事例を読みながら「自分が家で教えるのは無理だ」と感じられた親御さんも多いだろう。時間がない、あるいはその能力がないから。

確かにアメリカのホームスクーリングを奏功させている家庭の学生は、平均よりも裕福な経済状況にある場合が多いという。教育という投資には時間と労力と金がかかることは避けて通れない。それを安価に済ませようとしたから、一斉教育方式が生まれたことは拙書『残念な教員』でも示した。

資金不足や能力に自信がないときも、卑下せず、堂々と通信教育教材やオンライン学習を使えばよい。ホームスクーリングの家庭同士で金銭を折半して能力者を招聘したっていい。

そうすれば、子供の学習進度管理をするだけでよくなる。フリースクールへの通学を正式な学習だと認めてもよいだろう。義務教育は学校でする、という制約が強過ぎるのである。

先に書いたように、児童・生徒の学習機会を確保する法は施行されているのだが、評価において未だ通学型を重んじている。また、「勉強は学校でするものだ」という思想が社会で当然とされてもいる。変えるべきだ。ホームスクーリングも通信制もフリースクールも、もちろん学校に通学することも全て正式な学びだと捉えるのだ。

　これらの選択肢を認めることで多くの子供が救われる。自分がやりたい学問を徹底的に究めていきたい子、学校や教室という空間に入るだけで身動きが取れなくなる子、いじめられている子、重い障害のある子、日本語が堪能ではない子など、何万人もの子供が学ぶ機会を堂々と手にできる方が良い制度であるに決まっている。

　なお、兵庫県川西市教育委員会は、同市の全小中学校で対面授業とオンライン授業の選択制を取っている。学級ごとに対面授業の様子を生中継するスタイルのオンライン授業で、眼目はコロナ禍でも学習を止めないことにある。２０２１年9月時点でオンラインを選択した児童・生徒は全体の６・９％にあたる約８００人に上ったという[135]。

　学校に通学するということだけが、学びにおける正解ではないとまとめられようか。

　部分的に通学することも許可したい。児童・生徒がライブで受講したいと思う科目は通学を認めていいのではないか。また、理科の実験や水泳の授業、平和学習や薬物乱用防止講演、交通事故防止学習、健康診断やスポーツテストなど、現在、学校が担っていて学校以外ではやりにくいものもその対象としていいだろう。

理科の実験のように施設や設備が必要な学習を洗い出し、プロジェクト化して、サマースクールのような形で行うのでは代替にならないだろうか。無論、学校施設を借りて行う。その科目や活動に長けている人材の確保は必要だが、毎日実験をするわけでもないだろうし、数名の元教師がキャラバンのように日時を決めて各地を回れば、全ての市町村を網羅することも可能ではないか。

水泳やマット運動などの授業も学外の組織や人材と連携し行うことはできよう。学校には行きたくないけれど、スイミングスクールには通える、という層は一定数存在する。

平和学習や薬物乱用防止教育、交通マナー教室や性教育は基本的に未知の状態を既知の状態にすべく考えられているので、読書でもホームスクーリングでもオンライン教育でも代替できる。また、これらは教員からよりも、体験者や専門家から話を聞いた方が意味深い。

健康診断もスポーツテストも当たり前のように学校で行うことになっているが、民間の医療機関やスポーツ施設で行うことも不可能ではない。あるいはその実施日だけは、学校に恒常的に登校していない子が参加できるようにしてもいいだろう。

これが安定的に運用できるようになれば、科目ごとに受講する教師を選択することも視野に入る。つまり、ライブ授業を受けるに値する教師の授業はライブで受けるし、ネット上の先生の方が優秀だと判断したら、そちらを受講することを認めていくのだ。こうすることで生徒側の利益は最大化していくし、ダメな教員のクラスには人が集まらないというわかり易い状況が生まれる。逆に優秀な教師、真摯な教師が教壇に残り続けることが実現するのではないか。コストをかけて効果の薄い研修を繰り返すより、よっぽど教育界の高質化の近道になろう。

定期考査制度も再考すべきだ。修了証明か資格試験のような単位制にすれば、定期考査の重要度は低くなる。定期考査を実施したい学校はすればいいし、その学び方が自分に合っていると考える生徒はその学校を選択すればいい。それ以外の方法も並行して認めることが肝要だ。現時点でも実用英語技能検定や実用数学技能検定は高校や高等専門学校、大学において単位認定できる資格だとされている。

これを拡大し、小学生から使えるようにすればいい。多くの無駄が省ける。

かつて英検1級レベルの教え子がいた。彼女は中学校に入学するとアルファベットから習うことになった。また教員が発する到底流暢とは言えない英語を聞かされ続け、今では使っている欧米人などほとんどいない英文法の暗記を強要された。さらに、模範の発音を披露する係として幾度も指名された。彼女は怒りと共に、このような英語の授業のエピソードをいつも聞かせてくれていた。が、ある日、正解だった英作文を文法面で減点され、我慢の限界を突破した。そして即日、転学を申し入れた。

このような事例を解決するには、単位制と、評価方法としての外部試験導入・修了証明制の複合的な配置が有効だろう。これを認めてくれていれば、彼女は無駄な英語の授業に出席せず、苦手な別の科目の学習に時間を使えるのだ。

また、カリキュラムや教科書の不適切さを解決するためにも単位制にすることは根拠付けられる。学校が用意したカリキュラムや時間割、教科書で学びたい者は学校で、塾やオンライン授業、ホームスクーリングで学びたい者はそちらで学ぶことを正当な学びとして認めればいい。

当然、何かを選択するということは選択者側に〝義務〟も発生する。事前に調査をしたり、選んだ後にその結果を受け入れたりする〝義務〟だ。

例えば、ＩＢ教育には自主性が高まるという長所の反面、ドリル教育が少なく、日本語の語彙量や計算力での遅滞が見られるという短所が指摘される。一方で日本の教育は行儀良さや計算力の高さが評価対象となり、今まで書いてきたように、〝滅私〟傾向と児童・生徒の感じる〝幸福感〟や〝学びへの意識〟の低さにおいて評価を下げている。このような長所と自分や子供との適合度を理解した上で選択することが肝要だ。

能力の認定は、既述したように修了証か資格の免許状を以て行う。必要な学問分野と個々のレベルの設定、単位数を明確にし、小卒・中卒・高卒の免許とすればわかり易い。ここで妥当な設定をすることが非常に難しいことは理解できるが、効果的な教育を次の世代に提供するためには逃げられない部分であると判断すべきだろう。

実際に、読解力と科学的リテラシーで世界トップのエストニアでは、初等レベル終了時と前期中等レベル終了時にそれぞれ必須テストと選択科目テストを受けなくてはならず、その成績によって課程の修了が判断されるという[136]。

なお、既述したように、高等学校卒業程度認定試験と高校の必履修単位数には大きなズレがあるので、前者に合わせた設定にすることが求められよう。

「それでは、高校教育のレベルが下がる」とか「高校卒業の資格を与えるには甘過ぎる」という反論が想定されるが、現状を見て欲しい。偏差値50以下の学校の文系生徒が数学Ⅱ・B・Ⅲ・Cや物理、化学を理解しているだろうか？　いや、履修すらしていないことも多いのが現実ではないか。実業系高等学校の生徒も、社会科でA科目という簡易な内容だけを学んで高校卒業資格を得ているし、スポーツコースの生徒が古典を学ばないまま卒業証書を手にすることは珍しくもない。

本来、真に必要な高校の単位を考えることが先なのだが、現在の学習状況や高校進学率から適切に移行することを考えると、まず高等学校卒業程度認定試験レベルで高卒資格を与えることがわかり易い。その後、上位の教育機関に進学を欲するのであれば、その機関の責任で求められる学習歴を提示し、入試をクリアすれば学力などは担保されると分析するのだ。

また、この高卒資格については、可変性を持たせ、垂直方向にも水平方向にも変えられるようにしておくことも重要だ。不易流行を考え、高校卒業段階でどの程度の知識が必要なのかの精査を定期的に行うことで、国力を最適な形で向上させられると考えるからである。

繰り返しになるが、この学歴とは別に修了証や語学などの資格に基づいた〝学習歴〟について、別途個人の記録として証明できるようにしておけば、その人物の能力を測る指標にできるので、そうした制度も設けるべきだと提言したい。そして、いつか学歴ではなく〝学習歴〟を基準とする文化ができあがることを望む。

　実際に、先進国の高等教育では〝マイクロクレデンシャル〟という取り組みが始まっている。これは特定の知識や技能を習得したことを認証する制度だ。既述したＭＯＯＣなどを中心に行われており、１０００以上の認証がされているという（２０２０年末時点）[137]。

　この考え方を初等中等教育に持ち込めばいいというのが筆者の意見である。必要な学習をし、その認定を積み上げて自己の学びの体系とする。これがしかるべき評価機関によって成されれば、学校という場所に拘った学びである必要はなく、獲得した能力が明確になろう。

　なお、小学６年と中学３年の合計１９４万人を対象に文部科学省が実施した２０２１年度「全国学力・学習状況調査」の結果から、同省は休校期間と成績には相関がなかったと結論付けている。

　２０２０年度の４月以降の休校期間が成績（平均正答率）に与えた影響ついて、休校期間の長さを10日ごとに区切り、期間ごとの成績を比較する方法で分析したところ、小学国語では最も短い「10日未満」の平均正答率が65・3%で、最長の「90日以上」が64・3%とほぼ同等だったという。中学数学では「10日未満」が54・4%で、「90日以上」の56・7%よりも低かった[138]。ここからわかるように対面授業が多いからといって成績が有意に向上するとは言い難いのである。

　また職業訓練においても、同様の修了認定とすれば生徒がより学びたい内容に集中でき無駄も減らせる。もちろん採用する企業側や上位校種の人間が、事前に必要な単位数と必ず履修すべき単位を学生に知らせておけば、就職や入学試験にも充当できよう。

　なお、公的資金を経営に活用している公教育機関や私学助成金を受け取っている私立校は、性別や人種を根拠として不合理な合否の判断をしてはならないことを約束させるべきことは言うまでもなかろう。

　このように学校の卒業証書よりも学習した修了証や身に付けた能力資格を上位価値とすることで、現状は大きく改善すると提言したい。

学生だけではない、学校教師も保護者も自分が学びたいものを無料で学べるように、準備してはどうか。基礎的なティーチングの方法や授業準備法、児童心理や社会情勢、一般的な家政学や金融の知識などを誰でもいつでも学べるようにしておくことは国家を強くするのではなかろうか。

毒親たちの批判をしたが、彼らだって自ら毒を飲んだわけではない。毒を飲まされ続けてきて毒化したのだ。彼らを「親の資格がない」と切り捨てるのではなく、彼らにモデルとなる育児や家庭教育の在り方を見せることが必要と言えまいか。

例えば、コモン・センス・ペアレンティング・プログラムという親向けのプログラムがある。親子の関係を良好にするために開発されたもので、児童相談所で取り入れているところもある。同プログラムでは、子供の話を聞くときに有効な姿勢や距離感やわかりやすい説明の方法、効果的な褒め方や叱り方、親自身の怒りをコントロールする方法などを学び、育児や家庭教育に活かす。

知っているかどうか、できるように心がけるかどうかで子供は変わっていく。このような講座が身近にあってもいいと考えるのだ。

2　現行学校制度の大幅改革――飛び級・留年制度の義務教育段階への導入

日本でも飛び級や留年の制度を取り入れるべきと考える。年齢による平等性は悪平等である。能力における平等性を追求すべきなのだ。

「下の学年と一緒になったらいじめられる」とか「その子の能力の低さが明らかになってしまう」「かわいそうだ」といった観点から批判と反対がされてきているが、精緻な想像をして欲しい。学習する授業レベルが高過ぎで何もわからないまま小学生が45分、中高生が50分、教室の自席に座り続けている光景を。これが1コマだけの話ではなく、一日6、7コマ続く子だっている。これは拷問だ。教育ではない。わかるから楽しい、と感じられるのが人間の一般的心理だろう。

逆に、劇的に容易な課題を遅々として進まないペースで扱われる光景はどうだろうか。1コマ程度ならまだしも、ほぼ一日中、その状況。勝手に先の問題を見たり、居眠りをしたりすると叱られることもある。このとき、黙って座っていることや空気を読んで敢えて発言をすることが社会の求める協調性なのだろうか。

「あなたは能力が及んでいないので来年度も下のクラスで」とか「あなたはもう理解できているから上のクラスに移りましょう」と言うためには、評価が欠かせない。今の教員たちにはその評価ができないという問題があるのではなかろうか。自分が児童・生徒に下す評価に自信がない。自信がないから現状維持を選択する。これなら誰にも怒られないから。

仮に評価ができないのであれば、英語や数学は外部検定を指標にしてもいい。塾や予備校、入試では、これらの外部検定の合格が評価されるのだからやっていることは同じと言えよう。

もう一つ、飛び級や留年制度を導入するにあたって、文部科学省は「義務教育制度の維持」という看板を下ろすことが求められる。

今まで書いてきたように児童・生徒は悲鳴を上げているし、現場はボロボロだ。机の上で考えている人間では正解に辿り着けないことの証明だろう。新しい制度を早々に作り上げることができるとも思えない。

そうだとすれば、現場に権限委譲をすることが最適解だ。現場の人間たちが担当した／する生徒をリアルに思い浮かべながら知恵を絞って、カリキュラムや制度を作り、教科書を選び時間割を策定するのだ。

と同時に、転校をし易くすることも考えるべきだろう。加えて、前節で述べたように、学ぶ形態としてホームスクーリングやオンライン授業の選択、学校の授業の部分選択も可能にした上で、飛び級も留年も可能にするのだ。

この時代にこれくらいのカスタマイズができても何ら不思議はない。自分に合う医者がいれば通い続けるし、自分にとって藪医者なら転院するのと同じ構図である。

これが可能になれば、地方に住んでいる子供たちも大きなメリットを享受することができる。居住地に起因するリスクが大幅に減退するからだ。ネット環境さえあれば、いや書籍さえ手に入り、本気で勉強しようとすれば結果を出すことができる。誰にも邪魔をされることはない。

高校生や大学生の飛び級も柔軟に行っていくべきだ。

２０１３年、モンゴルのウランバートルに住む16歳の高校生が世界の理系大学の最高峰とも言われるマサチューセッツ工科大学（ＭＩＴ）に合格したというニュースがあった[139]。彼はオンラインで同大学の授業を受け、レポートを書いて提出、高評価を得たので入学を許された。こういった事例がこれから世界中で増えていくだろう。

実は我が国でも大学への飛び入学であれば、高等学校に2年以上在学した者で、大学が定める分野で特に優れた資質を有する者には認められている。なお、大学院への飛び入学も、大学に3年以上在学した者で、大学院が定める単位を優秀な成績で修得した者には開かれている(140)。

しかし、実施している大学は２０２０年時点で、千葉大学（文学部・理学部・工学部・園芸学部）、名城大学（理工学部）、エリザベト音楽大学（音楽学部）、会津大学（コンピュータ理工学部）、日本体育大学（体育学部）、東京藝術大学（音楽学部）、京都大学（医学部）、桐朋学園大学（音楽学部）と8大学11学部に留まっている。

日本を強くしたいと言うのであれば、年齢制限など完全になくすべきであろうし、全ての大学学部で受け入れるくらいの変化が求められよう。

大学という教育機関が、実力さえあれば入学できるとなれば、中高生のモチベーションも必然的に上がろう。学費に苦しむ家庭も大喜びだ。どういう制度が若い学生のやる気を高めるのかを熟考すべきときが来ている。

能力別クラス編成のメリットは違う観点からも補強される。

２０１２年以降の日本語指導が必要な児童・生徒数の増加という点だ。２００７年に中高生で３万人弱だったのが２０１９年にはそれぞれ５万人強へと急上昇しているのが現実だ[141]。これは修学している子だけの数で、学校に行っていない子や確認が取れなかった子を含めるとさらに増える。

国として彼らを受け入れるために、日本語教師や特別なクラス設定をすることで対応するのは、あまりに財源と人材が足りない。だとすれば、自分の語学力に合ったクラスに在籍し易いような能力別クラスが必要になるのだ。

３　異年齢との共生の場を作る

飛び級制度や留年制度と同時に、異年齢の児童生徒が同居する空間の設定も模索したい。能力によってクラス編成を行うのである。このような異年齢学級は、すでにＰＩＳＡ(Programme for International Student Assessment) と呼ばれるＯＥＣＤ主導の学習到達度試験の上位に名を連ねるフィンランドやエストニアでも採用されている。

また、人間の個性を人格にまで高め得るような教育共同体をどのように創造すべきか勘案して生み出され、ドイツ・オランダを中心に評価を受けているイエナプラン[142]方式、「教師による知識注入型の伝統的な授業の在り方を批判し、子どもたちが自ら〝仕事（trevail）〟を組織していく教育を追究」し作られたフランスのフレネ[143]方式でも実践され結果を残している。

幼児教育の分野では、「子ども自身が持つ『自己教育力』とその力を存分に発揮できる『環境』、そしてその環境に関わるための方法を知ることが必要」として生み出され、将棋の藤井聡太棋士やマイクロソフト社を創業したビル・ゲイツが学んだモンテッソーリ方式でも同様の形態が取られ、いずれも好評を得、世界的な広がりを見せているという[144]。

同じ年齢の人間を一空間に閉じ込め、同じ速度で同じ内容の学習をさせることがいじめの誘発原因になることは前述した。

さらに、それが不登校に発展したり、学習レベルの上位層・下位層を中心に非生産的な現状を生み出したりしている。だからこそ、能力的平等観からのクラス設定が必要と主張したいのだが、異年齢との共生にはさらなるメリットがあることも知っていただきたい。

昭和の時代であれば、近所のお兄さん・お姉さんと交流することも少なくなかったし、兄弟を連れて同級生と遊ぶ子だって多かった。そこから年長者の経験を学んだり、頼りがいのある年上の存在を感じられたりした。また、幼き者の弱さや可愛らしさを知る機会にもなった。自分や自分と違う者の存在を強く認識できたと言い換えてもよい。そのコミュニティが今や、失われた。日本の子供は大事な絆を失ってしまったのだ。

ベネッセ教育総合研究所が１９９５年から２０１５年に行った調査によると、平日に幼稚園や保育園以外で一緒に遊ぶ相手は、１９９５年時点では、友達が56・１％で母親が55・１％だった。ところが、２０１５年には友達が27・３％に減り、母親が86・０％に増加している[145]。

小学生になると、この数字が一人で遊ぶが74・３％、同学年の友達と遊ぶが70・５％と変化するのだが、やはり３位に親52・２％が現れる。兄弟姉妹は37・７％、近所の友達は14・８％となっている[146]。要するに６人に５人は一年中、家族や同じ年齢の人間としか遊ばないのである。

異年齢のクラス設定（複式学級と呼ばれる）を作ると、一般に年齢の上の者が下の者を指導するという交流が起きる。

実際の複式学級実践事例では、「上学年の子どもたちが常に自分たちのことを見守ってくれているリーダーシップがあるということは、下学年の子どもたちにとっては大きな安心感の源泉になっている。同時に、下学年の子どもたちが自分たちのリーダーシップを受け止め、喜んでくれることは上学年の子どもたちにとっても自尊心（プライド）と自己有用感と自己肯定感を獲得し、高めていく上で大きな役割を果たす」[147]ことや、少人数のクラス・班編成から「児童同士がコミュニケーションをとりやすく、互いの協力関係も築きやすい。そのため、自分の考えを相手に話しやすくなるため、話し合いの活動やグループでの活動がより活発になり、学びを広げたり深めたりしやすくなる」[148]と効果が示されている。

ただし、これらは現行制度における上級生概念を維持したまま行われている複式学級実践に過ぎない。能力が同等となったとき、下の年齢の者が年長者を小馬鹿にする可能性はあり得る。だが、年少者で当該科目の学習内容が容易に理解できている者は上位クラスに移動してもらうとか、不適切な行為があればライブの授業に参加させないという手立てがあり得るので、殊更に危惧だけを取り上げる必要はないと考える。

4　分化したコース設定を

ドイツやドイツを真似て作られた中国の複線型教育システムをご存じだろうか。ドイツでは、10～11歳の段階で、学術方向に進むか技術習得の方向に進むかを決定する。これは将来の進路変更の可能性を含んだものだが、基本的には人生の大きな選択を小学4、5年生段階でしなくてはならないのだ。ドイツの産業技術力はこの制度によって裏支えされているとも言われる。概観していこう。

ドイツの中等教育は、選択した進路と生徒の能力・適性に応じて大まかに、職業教育を受けるか大学教育につながるギムナジウム（Gymnasium）という8～9年制の教育課程へ進むかに分かれる。

職業教育を受ける場合、将来、就職しながら職業訓練を受ける者が主に進む5年制のハウプトシューレ（Hauptschule：基幹学校）と、職業教育学校に進み中級の職につく者が主に進む6年制のレアレシューレ（Realschule：実科学校）がある。

それらの学校を卒業すると一般的に3～4年の職業訓練校に進み、実務経験を積みながら

Geselle（ゲゼレ）という資格取得を目指す。このゲゼレ（Geselle）を持っていることで一人前の職人とされるのだ。

その後、さらなる高みを目指す者はマイスター（Meister）学校に入学する。試験に合格すれば晴れてマイスターとなる。なお、マイスターは製パン／食肉加工／ビール醸造／整形靴／義肢装具／木工家具などの手工業マイスター94種と、電気設備士／情報技術者／金属加工／自動車整備士／産業系商業職／産業機械工などの工業マイスター３００種以上が設定されている[149]。

ハウプトシューレやレアレシューレを卒業した者たちを惹き付けるのはこのマイスターの称号だ。それは「マイスターに代表される熟練した技能者は、その育成の教育制度、資格の社会的評価、作業環境や教育環境の重視、自立を後押しする経済的仕組みなど、労働と教育の中にしっかりとした足場を持ち、社会環境の中で重要と認められた存在」[150]であるからに他ならない。またマイスターは開業することを許される地位でもある。

端的にまとめれば、10歳前後から好きなことや得意なことで身を立てるべく精進できるシステムなのである。

中国はこのシステムを模した[151]。同国の高校進学率は87％であり、そのなかの43％は職業教育を受けている。つまり、日本で言う全日制普通科に進学している者は50％程度ということになる[152]。大学進学率は50％程度なので[153]、中学校修了時に将来、学問方向へ進むのか、技術職方向へ進むのかを決定しなくてはならない状況にあると言って大きな問題はなかろう。

かつての日本も今の中国と同様に実業高校が一定の役割を担っていた。それが、今となっては73・3％の高校生が普通科に通い、〝とりあえず〟大学や専門学校に進学している状況がある。

私は、大学に進学するラインと技術を身に付けるラインを早めに区分していくドイツ方式を、日本も導入すべきだと考える。学術を究めたい人向けの履修科目と技術志向の人向けの科目設定をし、それぞれのプロフェッショナルが評価をすることで無駄なく精進させることが日本の経済力を高める方法だと信じて疑わないからだ。これならば、児童・生徒側のやる気を削ぐことも無駄な時間の発生も抑えられ、教師の数を増やさずとも教育内容を高質化できるだろう。

これと同時に日本に余りある大学は統廃合するとか、私学助成金を打ち切るなどして、半減させることが求められよう。そこで発生した余剰金を社会にとって必要な大学に還元し、本当に必要な教育は無料かそれに近い価格で提供できるようにする方が、社会が発展すると考えるのは間違っていることだろうか。

5　現場が勇気を持つことと校長人事

学校側に勇気がない。生徒には「意見を言いなさい」とか「挑戦しなさい」と指導するくせに、自らが乗っかったシステムの陥穽は指摘されても見ないふりだ。意見など言いもしない。いくつかの学校の勇気ある校長が、大改革を行っていることはみなさんもご存じだろう。東京都千代田区立麹町中学校は定期考査・宿題・クラス担任の廃止に挑戦した。制度上、問題がないなかでの改革だ。

ある私立の進学校は数学のカリキュラムに梃子入れをして、数学Ⅰを終えてから数学Aを履修するなどしている。数学Ⅰ（二次関数や三角比など）を週に３〜４コマ、数学A（図形や確率、場合の数など）を週に２〜３コマ設定し、同じ時期に両科目を並行して学ぶのが一般的なのだが、効率や効果を考えればこのやり方は優秀だ。同校は難関国公立大学に多数の合格者を出してもいるし、やはり制度上問題はない。

関西のある中高一貫校では中学生と高校生が合同で数学を学ぶ時間すらあるという。灘中学の国語で教科書を一切使わず、『銀の匙』を中核に据えて3年間の授業を構成した橋本先生の挑戦も有名だろう。やろうと思ったら、現場から変えられることはいくらでもある。

先の横浜市や福山市で作られた校内フリースクールもそうだし、かつて藤原和博が校長を務めた東京都杉並区立和田中学校における校内放課後学習塾「夜スペ」だってそうだ。数十人から（大規模校でも）数百人程度しかいない小さな社会が学校であり、そのなかで絶対的な権力者であるのが校長だ。彼ら校長が本気になれば、状況は変えられる。それは、学校を建て直した校長たちの実践事例の数々も証明している(154)。

だが、日本に3万人近くいる小中高の校長の心を大きく変えることは望めないのが現実だ。そこでシステムにも目を向けたい。校長は「上がり」ポジションだと言われ、降格することがない。このやり方は公立ではもちろん、私立でも一般的にそう言っていい。刑事法に触れる犯罪を起こさない限り、悠々自適の老後が確保されていると言い換えてもよい。だから教育に対する気持ちのある校長以外、引退までの数年を穏便に過ごしたいと欲するのが通例だ。それができれば、天下りもスムーズに可能だし、国から勲章をもらえるかもしれない。

しかし、この制度運用を改善して、校長にも降格や左遷を導入するべきだと私は考えている。人間、緊張感がなくなれば堕するし、責任の重い地位の人間が向上心を失い自己保身に走っては、組織が立ち行かないからだ。

今までどうにか学校の形を保ってこられたのは、血税に支えられた公立学校であったことや、私学助成金という多大な補助に守られてきた私学経営があったからではないか。塾や予備校の関係者はもっともっと厳しく自分たちの商品たる教科指導や授業を捉え、改善を繰り返している。

問題を起こした教員の監督不行き届きを詫びて頭を下げる姿はよくニュースで目にするが、不登校や不登校予備軍の生徒が増えたこと、学力低下を招いていること、塾や予備校への通塾率が高止まりしていることを詫びる者はいない。

何が本業で、何に対して対価が支払われているのか再考しなくてはならない。

6　現場教員の人事考課制度改革

また、現場の教員にも適切な評価制度を導入することを提案したい。適切な、と敢えて記したのは東京都が導入した人事考課制度が奏功していないからだ。

２０００年度に全国初の教員に対する人事考課制度が始まり20年が経った。個人の能力や努力の差によって待遇や報酬が異なるのは当然で、勤務を評価し、待遇を差別化するからこそ、結果に繋がるという市場主義的な考え方が制度設立の背景にある。新自由主義思想に支えられていると言い換えてもいい。

この人事考課制度は、国立大学などにも伝播し[155]、私立中高でも当たり前になっている。特に経営が上手くいっていない私立学校は、コンサルタントなどに依頼して、過度に複雑な評価制度を導入しがちである。

どのような人事考課制度が多いかというと、ＰＤＣＡサイクルを重んじ、年度当初に担当業務や分掌業務などの目標を決め、その目標達成のための手法を記すタイプのものだ。これを下書きとして管理職面談などを経て目標を煮詰め、数カ月後に中間点での振り返り、年度末の総括へと続く。その達成度は、管理職（校長・教頭など）、直属の上司（部長や主任など）、同僚、生徒アンケートなどといった関係者によって測られることが多い。それぞれの評価の全体評価に対する寄与度は学校によってまちまちだ。

このような人事考課制度を作ることで起きる弊害がいくつかある。それは、目標で設定したもの以外について結果を出さなくても良くなってしまう点、往々にして生徒の意見が占める割合が小さく管理職の意向のままになってしまい形骸化する点、そして何よりも学校の方向性が決定していないにもかかわらず行われるため正当な評価にならない点だ。

この人事考課用目標設定用紙が配られ、したり顔の管理職から「○日までに提出して下さい」と言われると暗澹たる気持ちがしたものだ。

余談だが、学校改革のために招聘されて勤めた学校の管理職評価で「学校の文化を重んじている」という項目が最低点だったときには閉口した。それまでの学校文化を変えるために活動をしているのだから、当たり前である。

評価というものは、構成員が目標を同レベルで共有できているという前提があって成立する。この基本がわかっていないにもかかわらず、人事考課をするというのは憤懣やる方ない。まともな判断ができないのであれば、生徒のアンケートと学力変化、同僚からの評価だけでいい。それで、多くの学校は改善する。最も大事な場所は「現場」なのだから。

7　部活動などのアウトソーシング

部活動によって、児童・生徒の人格形成に成功してきたという事例は多く耳にする。それぞれ夏と春の甲子園大会を主催する朝日新聞も毎日新聞も、それを美談として一際《ひときわ》取り上げる。そういう世界観を好む方々の価値観を否定をする気はないが、学校教員が部活動の顧問をすることは禁止すべきだと考えている。

学校は学業をする場所だ。今まで書いてきたように、学力の伴わない子や学校のせいで苦しんでいる子が大量に発生している現状がある。また、部活動のため、自分の生活を犠牲にしている教員もいる。さらに、未経験の競技や活動を教員が担当することによって、技術的ミスリードや事故も起きかねない。

筆者は完全にアウトソーシングすればいいと考える。地元の野球チームや書道教室、バスケットボール好きの方やピアノ教室の講師など外部の人材に依頼して、個別契約を結び、学校は場所だけ提供する形にしてはどうか。生徒は専門的な技術を教えてもらえるし、地域経済は活性化するし、教員の労働時間は削減できるし、メリットは多いだろう。確かに現行制度よりも生徒側の金銭的負担は大きくなることが予想されるが、それは仕方あるまい。家計に左右されるのが子供の人生だ。

「俺は、部活動に命を賭けてきたんだ。顧問じゃなくなったら辞めてやる！」

と言っている教員を知っている。少なくない数だ。そう言っている者の授業は総じて無意味なものだった。私が学生だったら受講しないレベルの内容である。事実、同様の意見を持っている生徒も多かった。そんな人間の支配する部活動というのは、どれほどの意味があるのか疑問だ。教科指導ができない人間に課外活動である部活動を担当する余裕などないはずだ。優先順位が間違っている。

もし、教科指導でも結果を残せて、そのうえで部活動も担当したいというのであれば、前記の外部人材と同様の個別契約を結び、対価も支払えばよい。

部活動費用の問題

ちなみに部活動費用についても闇の部分は多い。本来、各部活動が個別に徴収する部費や合宿費については、保護者が負担している経費なので、学校徴収金の性格を持つ経費と考えられている。したがって、この部費は誰が見ても納得できる目的・内容・効果等が勘案された支出でなければならず、「校長の意思決定のもとに保護者から必要金額を徴収し、預かったお金については決算報告まで行う必要があ」(156)るというのが前提なのだが、適当な処理をされていることが少ない。

各部活動で設定が違い、部費がある部とない部、金額の差、またユニフォームや備品が高額な部とそうでない部など多岐にわたる。さらに運動部の強豪校などでは、部員が多く年間の部費だけで1000万円を超える額になることもあるし、合宿費や遠征費、ユニフォーム代など別途費用がかかる場合もある。企業がスポンサードし物品提供をしてくれるケースもあり複雑度は増す。しかし、学校長や事務長は本業で忙しく、このような各部の事案にまで目を光らせない。個々の顧問が一人で管理していることが多い。

そうすれば、自ずと不正を働く輩は現れる(157)。不正会計の調査をしたら、他にも埃が出る部は多いに違いない。まずもって、入部する前の段階で部費や諸経費が知らされない事例もあり、不健全だ。

なぜこんな事態になっているかと言えば、学校教員に部活動で不正をしてもバレないという過信があるから、金銭管理に対する監視機能が働いていないから、社会的責任の重さに対する無理解からだと分析する。きちんとした学校は金銭の授受を事務室管理で行っていて、教員が金銭に触らないようにしたり、全ての出納に関する報告書提出を義務付けたりしているのだが、少数派と言っていいのではないか。

外部の人材を利用することは、彼らの責任において会計処理をしてもらうことと同義であり、仮に不正などすれば彼らの評判に傷が付くから抑止力になりやすい。担当者は透明性を持った価格設定にし、保護者側は習い事にお金を支払う感覚で〝部費〟を払えばいい。

8　教員免許制度・教員育成制度再考

「こんなヤツが先生になったらあかんわ」とか「誰でも先生になれる時代ですね」と教育界以外の方から教員の質に対する指摘をされることが増えた。それでいて、文部科学省は２０２２年度の概算要求において、２４７５人の教員定数改善と２万４３００人のスクール・サポート・スタッフ、１万４１００人の学習指導員を求めている[158]。他にも既述したブラックな労働環境を根拠として、尾木直樹などが「教員数を増やすべき」と声を上げている[159]。

非現実的だ。数だけを増やしても現行の制度を維持したままでは、子供に触れさせられない人材が集まってしまい、育てることもできないと予想する。少子化の流れのなかで未来が描けず、非人間的な労働時間と薄給の業界に優秀な人材が大挙して押し寄せるとは考えにくいからだ。それよりは、ＩＣＴの利用と単位制、カリキュラムの自由化、教師のするべき業務のスリム化や部活動のアウトソーシングなどを行うことの方が現実的だし、教師の募集人数を少人数に設定できる。高倍率を勝ち抜いた少人数の優秀な者が教育職に就けば、給与の水準も上げられよう。何より、学業を導くに値する知能の教師が集まる。

　無論、このような施策を実行したところで、かつて〝師範学校卒〟が批判されたように、為政者や上司には使いやすく、生徒から見ると教員不適格な人物も教壇に立つ可能性は否定できない。師範学校では〝学問よりも人物を、知育よりも徳育を〟を強調した軍事教育がなされ、同校の卒業生たる教育者たちの多くが傲慢で融通のきかない性情を持ち、国家の政策に従順で保守的な態度を取っていたとされる。それに対し「師範型（タイプ）」と批判するような風潮があった(160)。

　そこで提案したいのが、中国やタイで行われているような、教員の能力をランクや免許自体で区分するような方法だ(161)。

持論を展開する前に、中国の実践を紹介しよう。

同国では教員資格更新に必要な研修が5年間で３６０時間あり、「教員職務称号評定」によって教員のランクが五つに分けられ、その質を担保している。２０１２年から同研修とオンラインでの管理を開始し、学校教員たちは「道徳と素養」「知識と技能」「実践経験」を学ぶことになる。上海における中学校教員の研修事例だと、年間１００回以上授業ビデオを視聴し、意見交換を行うなどしているという。

１９８６年から始まった教員職務称号評定制度は、教員のレベルを三級教師から、二級教師、一級教師、高級教師及び正高級教師の五つのランクに分けるものだ。ランク分けの評定基準は専門職としての高度な知識・技能が特に重要で、他には教職経験、専門的な知識技能、論文などの業績、研修の単位の取得などによって成される(162)。

この制度ができて以降、「教員の責任感・意欲の増進・学校の自主性・自立性」に一定の効果を発揮したとされるものの、人事制度との不整合や学校間の不平等などが問題点として挙げられてきた(163)。それは、この制度が全国統一の職務称号を作り出すことを目標としているにもかかわらず、「各地区の経済、文化、教育の発展レベル、持ち場の状況と人員の状況が異なるため」、その基準が曖昧なものになってしまったからだ(164)。だが、昨今それらの問題点も解消しつつあるという(165)。

一方、日本の教員免許制度では、一回免許を取得すれば一生教員でいられる。現行の免許更新制度は、10年に一度の30時間の研修が現場教員にとって重荷となり、廃止されようとしている。更新制度の内容が実用的でなかったことは確かだが、現代日本の学べない・学ぶ意欲の薄い教員像が浮かび上がることも事実だ。世界中の教師が学び続けているのだから。

かつての日本の教師たちは、国や自治体に用意してもらわずとも自主的に研鑽を積んだものだ。それが教師育成の主流だったと言ってもよい。その文化が失われ、用意された研修を作ろうとする。この思想は何かを学ぶときに、まさに〝学校〟を作ろうとする思想に似ている。自分で学べる人間こそが必要なのではなかろうか。

中国型教員育成や免許制度をそのまま導入しろ、という暴論を言うつもりはない。教員が学び続けることが生徒の利益に繋がる制度にするべきなのだ。必要なのは、まずは学力を伸ばせる実力に他ならない。自分が担当する科目の知識・技能において正確で深い知識を持っているかを測るべきだ。毎年、採用試験の問題や担当科目の共通テスト、英検や漢検、数検などを受験するくらいのことを求めてもいい。

それに加えて必要なのは、言うまでもなく人間性だろう。多くの子供たちから嫌われる存在では、教育効果が半減したり、マイナスに作用したりするからだ。反対に、多くの子供に好かれ、児童・生徒の向上心や向学心に火を付けられる教師には別格の資格と権利と報酬を与えるべきではなかろうか。彼らの存在は子供だけでなく、保護者、若い教員にとっても有益なのだから。

ただ、入職時に求めることは、この人間性と一定の学力だけでよく、教員になってから、その能力に応じてランクを上げていく仕組みがいいだろう。実際に働いてみなければわからないことも多いからだ。ただし、評価基準において児童・生徒・保護者の意見を重んじることを求めたい。あくまで独裁国家型の制度ではなく、民主国家型にしておくことが肝要だ。学校間不平等を解消するためにも顧客の判断を土台として考えることは重要である。一方、中国で求められる論文や研修の単位などは意味が薄いと考える。

加えて、人事制度との連関も議論の対象にすべきことは意味ある指摘だ。他方、ランクは児童・生徒・保護者にわかる形にすればいい。そうすれば、生徒や保護者はどのレベルの教師と話をしているのかが明らかになるし、教員同士でも意見を重んじるべき人間が明確になる。この理解の明確化よって生徒・保護者・教員という三者の判断が良教師の選出という結論に収斂され、学校は浄化されていくに違いない。また、若い教員たちも今自分が何を学び、誰を目標にすればいいか、といったライフコースが描き易くなるだろう。

9 「努力をすれば夢は叶う」からの脱却

「努力」は美しいもの、是なるものとして語られる。特に学校ではそうだ。でも、もうみんな知っているのではないか。

「才能のないものは努力をしても無駄だ」

私は記者時代に先輩からそう言われた。これは、実力が少しも向上しないとか、絶対に誰にも勝てないという意味ではない。ある業界で金を稼げるようになるには一定の才能が必要だとか、トップを獲るにはやはり一定の才能が必要で、それを持った者たちが努力と運で勝ち上がっていく、という意味である。

元オリンピック陸上選手の為末大氏は、２０１３年10月21日にツイッターでこう呟いている。

「成功者が語る事は、結果を出した事に理由付けしているというのが半分ぐらいだと思う。アスリートもまずその体に生まれるかどうかが99%。そして選ばれた人たちが努力を語る。

やればできると成功者は言うけれど、できる体に生まれる事が大前提」

この意見と先の先輩の意見は同じだ。私もそう思う。

教壇から、

「君たちの可能性は無限だ」

などと言う教員によく出会うが、筆者は欺瞞でしかないと思う。

「今より、成長できる」が正解だろう。

既述したように、児童・生徒の「我慢強さ」はゲノムと連関している可能性が高い。だからと言ってその性向が伸ばせないというわけではない。研究は緒に就いたばかりだが、沖縄科学技術大学院大学の宮崎佳代子研究員らによる研究グループは、セロトニンの神経活動を増加させることで我慢強さが促進される可能性を明らかにしている[166]。

では我々人間が、セロトニンの神経活動を活性化するにはどうしたらいいだろうか。

東邦大学名誉教授の有田秀穂はセロトニン神経を活性化させる三つの因子として、①リズム運動をすること、②太陽の光を浴びること、③人と人とのスキンシップ・グルーミングをすること、を提示している。

リズム運動とは、ダンスなどの特殊なリズム運動ではなく、歩行・呼吸・咀嚼など、日常生活レベルのリズム運動を行うことだ。具体的には、ウォーキング・ジョギング・自転車こぎ・スクワットなどが当てはまるとされる。

太陽の光を浴びるとはそのままのことだが、注意点として、長時間浴び過ぎないことが挙げられている。セロトニン神経は30分も日光浴すれば活性化される。目の網膜から強い光が入ることでセロトニン神経の活性化が促せるという。

グルーミングとは、元来ペットを撫でたり、サルが毛づくろいをしたりするなどの行為を指すが、人間が互いに皮膚を気持ちよく触り合っている行動でも効果がある。グルーミングはストレス解消のための行動と言われてもいて、人間でも老若男女問わず、スキンシップをすることにより、オキシトシンが分泌される行動だと研究で明らかになっているそうだ。これは、会話でも構わない。家族団欒でも効果的である(167)。逆にストレスによってセロトニン神経の活動が弱まることも見られるという。

となれば、家庭不和の子やいじめの対象となっている子がセロトニン神経を活性化できていないこともわかろう。

「努力をすれば夢が叶う」という幻想を伝えるのではなく、今の自己が少しでも良くなるような科学的知見を学び、それぞれの児童・生徒に提示して、適切な助言に繋げることが教師には肝要ではないか。

10　PTA組織の解体

先に示したように、PTA組織は解体し、本当にやりたい方々だけで行うボランティアにすべきだろう。その善意のために、学校側が施設の提供や多少の物品補助などをしてもいいと考える。そうすることで学校側も本当に保護者の助けが必要なことを考え、優先順位を付けると思うのだ。また、自分の親や祖父母がボランティアを買って出て教育に貢献する姿は、児童・生徒の精神的成長や学習意欲にも大きなプラスに働くと想像できる。こういった思考抜きに、なんでもかんでも今までの伝統に従うというのは、あまりに幼稚だ。

その一方で、学校が人材活用のハブ的機能を持つことは一案だと考えている。特別講演やホームスクーリングでの人材活用のためにも時間に余裕があって、そういった活動をしてくれる保護者の方の力はお借りしたい。そうすることで、児童・生徒も地域も強くなれるのではなかろうか。

11　きちんと人類の叡智に従い、記憶術を指導する

第二章で取り上げた塚野の調査では、現在までのところ、約８種類の記憶術があることが世界的に知られているという。そのなかで日本語を母語とする者が使えそうと筆者が捉えた方法を挙げる。

①押韻法：語呂合わせの一種で、一定のリズムを付け、もし間違うとリズムが狂うようになっている。例：「瓜にツメあり、爪にツメなし」

②頭字法：項目の最初の音や文字だけを適当な順序で並べ替えて意味の通る文や単語の形にする。例：「リアカーなきＫ村」（炎色反応）、「ＨＯＭＥＳ」（アメリカの五大湖）

③連結法：Ａ、Ｂ、Ｃ、Ｄの項目があったとすると、ＡとＢをイメージで結び付け、次にＢとＣ、ＣとＤを順にイメージで繋いでいく。

④物語法：項目を次々と組み込んで、全体として一つの物語や文章を構成する。

⑤場所法：自分がよく知っている場所を選び、その場所のなかの特定の部分に記憶すべき項目のイメージを配置していく。

⑥ペグワード法：あらかじめ番号数字と同じ韻を踏む具体物（ペグ：例「One is a bun〈1＝パン　※bun は小さなパンのこと〉」「Two is a shoe〈2＝靴〉」「Three is a tree〈3＝木〉」）を覚えておき、記憶すべき項目とペグとをイメージで繋いでいく。

筆者はこれらの術をそれぞれ紹介し、記憶したいことを言いまくる・読みまくる・書きまくる・聞きまくる・テストしまくる・人に教えまくるといった行為とマッチングさせることを生徒に勧めてきた。自分自身に本当に適切な方法か〝人体実験〟にかけさせるという指導もしてきた。さらに、暗記をする時間と場所と文具をも指摘した。どの文具でいつ、どこで覚えるのが効果的かを生徒自身に見つけさせるのである。

これだけして覚えられなかったらゲノムの限界だと思って諦めればよい。その方が気楽だし、無駄な気落ちをすることもないだろう。

ちなみに、私はこの方法で就職試験、大学院入試、大学院での定期考査、漢字検定、TOEFLやIELTSなどの英語試験、国家試験などを乗り越えることができた。いずれもそれぞれの試験において一般的に合格に必要とされる学習時間の半分程度で合格できている。それは記憶力の良さなどではなく、自分に最適な暗記法を知っていたからだと分析している。

一方で、暗記法の概念を知らなかったことで中高の学習は苦しんだ。自己の特性を認識しないまま教員に押し付けられた方法で、ただ書きまくるだけになっていたのだ。多くの無駄な時間を過ごしたと思う。一日20時間勉強し続けて、腰痛持ちにすらなってしまったし、そのうえ、なかなか暗記できず自らの能力に自信を持てなくなったこともあった。

今でも無知な教員が児童・生徒に対し、間違えた漢字や単語を「10回ずつ書きなさい」という宿題や課題を出している。これは暗記法ではなく、〝罰〟に過ぎない。もっと別の方法で子供たちのやる気を喚起させるべきではなかろうか。

12　知らないままにしておくことも優しさ

「僕たちにも世界は変えられる！」

そう高校3年生が講演会で下級生に向かって叫んだ。高校の海外研修旅行でアジアでのボランティア体験を話しているときのことだ。

親から20万円以上の金を出してもらい、学校が業者と用意したプログラムに乗り、宿泊と朝・夕食はホテルで済まして、安全管理の徹底された建築ボランティアに参加することで、現地の人々から喜ばれたから、「世界は変えられる」のだという。

私はこれをボランティアだとも、教育だとも思わない。ましてや、この方法で世界は変えられないと断じる。消費者が消費行動をしただけだからだ。このように生徒をミスリードした企画を作り上げた教員にその旨の指摘をしても理解されなかった。

能力の高くない層に過度な夢を見させることや商業主義を隠したまま表層だけで何かを判断させることは教育ではない。

失望は期待値から現実を減じたときの差に比例する。

自分は何者でもないというところから謙虚に学びを始めさせることが基本ではないか。親の資金力などに守られていただけで、自分には何もできないのだとわかったとき、そこには失望が生まれる。失望が大きければ、将来の可能性を閉ざしてしまうことだってある。

先の研修旅行の例で言えば、背景にある金の力の話や関わった大人の数や仕事内容を知らせることが大事で、それをしないのであれば見せたり体験させたりしない方が優しさだという面もあると考えるのだ。

「〇〇大学に行きたいんです」「総理大臣になりたいんです」「オリンピックで金メダルを取ります」という願望がその子の能力にとって分不相応な内容だとしても、子供の夢だ、やりたいことをやらせてやりたいと背中を押すのが愛情なのだろうか。分不相応かどうかの判断を子供の側に放り投げた無責任ではないか。

「アジアでボランティア活動をすることができます」と宣伝されれば、なんとも国際的な学校だと受け止める消費者意識があるのだろうが、もっと地に足をつけた考え方をすべきではないだろうか。先に示したモンテッソーリ教育は、行事を極力排して日常生活を大切にする。このような〝今〟と〝ここ〟を重視するところから教育を始めるべきだろう。

とはいえ、学校側が美辞麗句を並べ立てる方向性は、当面変わらない。それは少子化で経営が危ぶまれるからだ。内容が乏しくても格好のいい宣伝をし、見栄えを整えることを学校や教員がしてくるとわかっているのだから、児童・生徒側が賢く見抜かねばならない。無論、その保護者の責任は重大である。自分の子供の能力を把握して、適切な教育スタイルを選択する義務すらあろう。

その際、両者が敵対関係になるのではなく、子育てのベテランである50代・60代の良教師が「自分はここで苦労した」とか「こういう家庭教育が良いよ」ということを伝える場があると望ましい。

筆者の尊敬する小学校教師は保護者会をその場にしていた。そして、保護者会が終わると若い母親たちが皆その教師のファンになっている姿をよく目にしたものだ。

こういった関係を作り、学校がベストなら学校を、ホームスクーリングが適切ならホームスクーリングを、塾やオンライン授業が良ければそれらを選択する。あるいは、学校自体の選択や塾・予備校の選択でも相談できるようになれば、さらによいだろう。

他の先進国では学校にカウンセラーが配置されていることも多い。これは、心理のカウンセラーではなく、進学や単位取得に関する相談を受け付けるカウンセラーだ。そういった存在が児童・生徒と親を支え、そうすることで、多くの教育スタイルを俯瞰することができ、自分や自分の子供に合った教育の形を選び出すという消費行動に変えていって欲しいのである。

既述した海外研修をしている学校ではベトナムに行くコースもあった。同国の孤児院に生徒を連れていき交流させるのだ。生徒たちは事前に募金活動をし、そこで得た金で孤児院に人工呼吸器や食品をプレゼントすることになっていた。

この担当になって初めて知ったのだが、生徒たちは現地の五つ星ホテルに泊まり、孤児院へと向かっていたのだ。本当にベトナムの孤児院に何かをしたいのであれば、ホテルのグレードを下げて、浮いた金を募金箱に入れるべきではないか。

前任者であるベテラン教員に聞くと、「安全面を考えてるからね」という答えにもならない答えが返ってきた。

私が担当者になった瞬間、業者と話してホテルのランクを落としてもらった。金の設定やこの企画の裏でどのような大人のやり取りがあったのかも生徒に伝えた。彼らは安価で当地に行くことができただけでなく、それまでの学年と同等以上に充実した活動ができ、人間としての知見を広げられた者も多かったと認識している。この経験で医師になる気持ちを強め、その夢を叶えた者もいる。

このベトナム研修一つを取ってみても、学校側の考えによって、担当者によって大きく異なる内容になる。だから、生徒自身はもちろんのこと、子供と一緒に保護者の方々も常々、教育機関の提供する教育内容に目を光らせておいて欲しい。それが子供たちの今と未来のためなのだから。

おわりに

〝協調性〟や〝行儀〟の習得を最優先した学校という機構、換言すれば、学力の向上や知識・技能の習得を劣位させた学校にはいかなる存在意義があるのだろうか。学校という、社会から切り取られた空間で身に付けた〝協調性〟や〝行儀〟、ましてや〝生きる力〟などは、社会で通用するものとは考えられないし、それらは家庭や社会全体が若い世代に受け継いでいくものではないかと言いたい。

人と協調することばかり教えられると、個々人の判断能力を減退させたり、過剰に人と合わせることを優先して生産性を下げたりすることに繋がる。仕事が終わったにもかかわらず、周りの教員の退社時間を待つサラリーマン教員たちを何人も見てきた。学校文化が上司や同僚より先に帰ることを良しとしないのだ。勤務時間内に仕事が終わらないことを問題視する、あるいは恥だと受け止められるようになりたい。

さらに、本当に能力の高い者が作り出す〝結果〟ではなく、〝チームとして協調〟することを優先し、生産性を減じさせている企業や行政機関が多いということもよく聞く話だ。日本がこういう状況を甘受できたのは経済が発展していたからである。経済の停滞期にある昨今まで状況変化が起きていないのは、結果を出すことに対する意識の弱さと既得権益を守る性向の強さだと言えるだろう。

こうしたものの土壌を生成するのが現在の学校なのだとすれば、これほど皮肉なことはない。なぜなら、国際性やリーダーシップ、輝く未来や社会貢献を標榜する学校が大多数だからである。

私の意見は極めてシンプルだ。若い世代が次の時代を担うための能力を身に付けるのに適切な方法を用意すべきだということであり、その方法はいくつあってもよく、受益者に教育選択の自由が確保されるべき、ということだ。

理不尽な社会に出て行くのだから、学校で〝プチ理不尽〟を味わわせておくべきとするならば、現行の学校は合理的なシステムと言えようが、その過程で大量の被害者を生み出している現状は看過できるものではない。

大人たちはそれぞれの責任において、学校の現状を徹底的に調査し、新たなシステムを作り、規制を緩和し、若者が未来を描き易く、そして世界を生き抜き易くすべきではなかろうか。その意味での〝義務教育〟と認識して業務に当たって欲しい。

２０２０年９月、「ユニセフ・イノチェンティ レポートカード16 子どもたちに影響する世界：先進国の子どもの幸福度を形作るものは何か」という調査報告書がユニセフから発表された[168]。38カ国を対象に行われた調査で、日本の子供の幸福度は20位、数学・読解力で基礎的習熟度に達している・社会的スキルを身に付けている15歳の割合は27位、精神的幸福度は37位となった。

最も幸福度が高く、先のスキルでは世界３位のオランダには、シュタイナー学校、フレネ学校、イエナプラン学校、モンテッソーリ学校、ドルトンプラン学校など様々なカリキュラムの学校がある。そして、現在も様々な実験が行われ、特別な教育理念や方法を持つ学校も増加している。この自由な教育作りが子供の心や国の成長度に影響しているというのは間違った分析だろうか。ちなみに、２０２１年のＩＭＤ（国際経営開発研究所）が発表する国際競争力ランキングにおいて、同国は世界４位、日本は31位にランクされている[169]。

〝真似る〟と〝学ぶ〟を同源の言葉とする研究がある。結果を出している実践事例は真似て欲しい。真似ていくうちに、新しい日本らしさが生まれてくるはずだ。その学びの結果が未来を作ると信じたい。

この本を世に問うために支援してくださった多くの生徒、教育関係者のみなさん、ジャーナリストの先輩方にこの場を借りて厚くお礼申し上げます。学校教育に対する私の悩みを真摯に聞いて、丁寧な仕事をしてくださりまして、三宅貴久編集長や関係者の方々には感謝の念にたえません。

林純次

2022年冬

159　「実労働時間の管理徹底を／連合がシンポジウム／教員の働き方改革を問う」機関紙連合通信社（2018/10/29）
https://www.rengo-news-agency.com/2018/10/29/%E5%AE%9F%E5%8A%B4%E5%83%8D%E6%99%82%E9%96%93%E3%81%AE%E7%AE%A1%E7%90%86%E5%BE%B9%E5%BA%95%E3%82%92-%E9%80%A3%E5%90%88%E3%81%8C%E3%82%B7%E3%83%B3%E3%83%9D%E3%82%B8%E3%82%A6%E3%83%A0-%E6%95%99%E5%93%A1%E3%81%AE%E5%83%8D%E3%81%8D%E6%96%B9%E6%94%B9%E9%9D%A9%E3%82%92%E5%95%8F%E3%81%86/
（2022/1/15 閲覧）

160　水原克敏「『師範型』問題発生の分析と考察」（1977）

161　牧貴愛「タイにおける教育専門職免許制度の特質」（2014）

162　胡啓慧「中国上海市の教員研修制度に関する調査報告」（2018）

163　劉占富「現代中国教員職務称号評定制度の実態と効果」（2007）

164　同上。

165　孫春蕾「中国における教員人事異動制度に関する研究：瀋陽市の制度改革を中心に」（2014）

166　Kayoko W. Miyazaki, Katsuhiko Miyazaki and Kenji Doya「Activation of Dorsal Raphe Serotonin Neurons Is Necessary for Waiting for Delayed Rewards」（2012）

167　有田秀穂『脳からストレスをスッキリ消す事典』（2012）

【おわりに】

168　ユニセフ「ユニセフ・イノチェンティ レポートカード16　子どもたちに影響する世界：先進国の子どもの幸福度を形作るものは何か」
https://www.unicef.or.jp/library/pdf/labo_rc16j.pdf
（2022/1/15 閲覧）

169　IMD「世界競争力年鑑」
https://worldcompetitiveness.imd.org/rankings/wcy
（2022/1/15 閲覧）
IMD（国際経営開発研究所）とは「International Institute for Management Development」の略で、スイスのローザンヌに拠点を置く、企業の幹部教育に特化したビジネススクールのことを指す。IMD の研究部門である「世界競争力センター」が中心となって、1989 年から毎年5月から6月にかけて発表しているのが「世界競争力年鑑（World Competitiveness Yearbook）」である。

【参考文献・HP】

Coalition for Responsible Home Education
https://responsiblehomeschooling.org/

145　ベネッセコーポレーション「幼児の生活アンケート第5回」
https://berd.benesse.jp/up_images/research/sokuho_201511.pdf
(2022/1/15 閲覧)
146　バンダイコーポレーション「小中学生の“遊び”に関する意識調査」(2018/4/24)
https://www.bandai.co.jp/kodomo/pdf/question243.pdf
(2022/1/15 閲覧)
147　船越勝「子どもの発達にもとづく理科の教材開発と授業づくり」(2020)
148　伊藤雅子ら「複式学級の特質を生かした小学校家庭科の指導について」(2021)
149　ドイツニュースダイジェスト
http://www.newsdigest.de/newsde/features/8887-meister-keywords/
(2022/1/15 閲覧)
150　小松裕子「マイスター制度と技能伝承」(2012)
151　加藤嘉一「中国の一般高校進学率は50%？規制強化の裏で進むドイツ式教育改革」
https://media.rakuten-sec.net/articles/-/33329
(2022/1/15 閲覧)
152　CHSI 中国学歴・学籍認証センター 日本代理機構
http://www.chsi.jp/news/n20160722.html
(2022/1/15 閲覧)
153　NNA ASIA アジア経済ニュース「21年の大卒909万人へ　過去最高を更新、就職難続く」
https://www.nna.jp/news/show/2125471
(2022/1/18 閲覧)
154　関文恭「荒れた中学校における学校改善の実証的研究1」(1993)、西村日登志「『森林教室』を中とした学校再生」(2012) など多数
155　加藤芳正「新自由主義＝市場化の進行と教職の変容」(2010)
156　神奈川県教育委員会「部活動指導ハンドブック」
https://www.pref.kanagawa.jp/documents/11575/hanndobook.pdf
(2022/1/15 閲覧)
157　静岡県立磐田西高校 (2020)、習志野市立第二中学校 (2020)、彦根市立中学校バドミントン部 (2015)、横浜市立西谷中学校陸上部 (2010)、同市立すすき野中学校陸上部 (2010) など多数。
中日新聞「県教委、4教諭懲戒処分　わいせつや部活費不適切管理」(2020/6/17)
千葉日報「現金64万円着服で中学教諭免職 『メイド喫茶通いに充てた』 同僚に虚偽報告、肩代わりも」(2020/3/18)
産経新聞「生徒の部費13万円をパチンコに　中学教諭を懲戒免職」(2015/9/12)
神奈川新聞「借金返済にユニホーム代など35万円私的流用、横浜市立西谷中・陸上部顧問が指導停止処分」(2010/6/12)
神奈川新聞「部活費など横領、横浜市教委が中学教諭を免職 / 横浜」(2010/11/12)
158　文部科学省「令和4年度概算要求のポイント」
https://www.mext.go.jp/content/20210827-mxt_kouhou02-000010167_1.pdf
(2022/1/15 閲覧)

を筆者が統合した。
132　AFP BB News「中国の研究開発費が 40 兆円超え」https://www.afpbb.com/articles/-/3338528
（2022/1/15 閲覧）

【最終章】
133　毎日新聞「『9 月入学』高校以下は棚上げ　政府教育再生実行会議が提言」（2021/6/3）
https://mainichi.jp/articles/20210603/k00/00m/040/196000c
（2022/1/15 閲覧）
134　厚生労働省・文部科学省「ヤングケアラーの実態に関する調査研究報告書」（2021 年 3 月）
https://www.murc.jp/wp-content/uploads/2021/04/koukai_210412_7.pdf
（2022/1/15 閲覧）
135　神戸新聞「対面授業とオンライン授業、全小中学校で選択制に　兵庫・川西市『不登校の対応にも使える』」
https://www.kobe-np.co.jp/news/sougou/202109/0014703559.shtml
（2022/1/15 閲覧）
136　小川正賢「エストニアの理科教育と理科教師教育（予察）」
137　飯吉透「第 1 回 教育の質保証・質向上オンラインセミナー　基調講演」（2020/11/27）、「遠隔教育で即戦力証明」（日経新聞 2021/12/7）
138　読売新聞「2 年ぶり実施の学力テスト、コロナの影響なし…文科省『休校期間と成績は相関なかった』」（2021/8/31）
https://www.yomiuri.co.jp/kyoiku/kyoiku/news/20210831-OYT1T50222/
（2022/1/15 閲覧）
139　東洋経済「MOOC 革命で日本の大学は半数が消滅する！」
https://toyokeizai.net/articles/-/15581?page=3
（2022/1/15 閲覧）
140　文部科学省
https://www.mext.go.jp/a_menu/koutou/shikaku/07111318.htm
（2022/1/15 閲覧）
141　文部科学省　文部科学省総合教育政策局　男女共同参画共生社会学習・安全課「『日本語指導が必要な児童生徒の受入状況等に関する調査（平成 30 年度）』の結果について」（2019/9/27）
https://www.mext.go.jp/content/20200110_mxt-kyousei01-1421569_00001_02.pdf
（2022/1/15 閲覧）
142　安藤和久「イエナ・プランにおけるグループ作業の位置と役割」（2020）
143　坂本明美「フランスの公立小学校の異年齢学級において『フレネ技術』を導入した、フィリップ・ラミの教育実践」（2010）
144　ベネッセ教育情報サイト
https://benesse.jp/kosodate/201705/20170530-1.html
（2022/1/15 閲覧）

https://www.jmooc.jp/
(2022/1/15 閲覧)

114　吉嶺加奈子「Thai MOOC における他国の教育機関による講座開講の実践」(2020)

115　Global MOOC Alliance
https://mooc.global/
(2022/1/15 閲覧)

116　ミネルバ大学 HP
https://www.minerva.kgi.edu/undergraduate-program/tuition-aid/tuition-fees/
(2022/1/15 閲覧)

117　Ivy League Tuition Comparison
https://www.collegetuitioncompare.com/best-schools/ivy-league/#:~:text=The%20average%20undergraduate%20tuition%20%26%20fees%20of%20Ivy,tuition%20%26%20fees%20of%20%2448%2C502%20among%20Ivy%20League.
(2022/1/15 閲覧)

118　岡部曜子「高等教育のオンライン化とイノベーションについての研究」(2017)

119　Asuka Academy
https://asuka-academy.com/index_k12.html
(2022/1/15 閲覧)

120　小平市中央公民館の Wi-Fi（公衆無線 LAN）について（お知らせ）
https://www.city.kodaira.tokyo.jp/kurashi/files/61011/061011/att_0000001.pdf
(2022/1/15 閲覧)

121　松下丈宏「非通学型」の公教育の可能性と課題（2019）

122　WANG, Qiu「Escaping the Formal Education System: A Case Study of Chinese Homeschooling Families」(2019)

123　同上。

124　注 8 と同じ。

125　Michael H. Romanowski「Common Arguments about the Strengths and Limitations of Home Schooling」(2001)

126　Home-schooling in the US（2004）

127　Brian D. Ray「Home schooling on the threshold: A survey of research at the dawn of the new millennium」(1999)

128　科学技術振興機構「論文数は世界 4 位だが注目論文数は 10 位に後退 今年の『科学技術指標』」(2021/8/17)
https://scienceportal.jst.go.jp/newsflash/20210817_n01/
(2022/1/15 閲覧)

129　日経新聞（2021/8/8）

130　「人材委員会ポストドクター等の雇用に関する小委員会（第 1 回） 議事録」(2019/11/18)
https://www.mext.go.jp/b_menu/shingi/mext_00063.html
(2022/1/15 閲覧)

131　文部科学省「学校基本調査」(2021) と「大学院の現状を示す基本的なデータ」(2017)

https://bunshun.jp/articles/-/44765
(2022/1/15 閲覧)
99　文春オンライン「『ママ、死にたい』自慰行為強要、わいせつ画像拡散……氷点下の旭川で凍死した14歳女子中学生への“壮絶イジメ”《親族告発》」
https://bunshun.jp/articles/-/44766?page=3
(2022/1/15 閲覧)
100　朝日新聞「わいせつ行為で教員処分、大幅に増加　全国で282人」(2019/12/24)
https://www.asahi.com/articles/ASMDS32RLMDSUTIL00Q.html
(2022/1/15 閲覧)
101　日経新聞「わいせつ教員、官報明示　文科省令改正で対策強化」(2021/4/2)
102　注8と同じ。
103　周防美智子「小学生の問題行動と抑うつ状態の関連」(2016)
104　有元石太郎「教育崩潰の現状と教育革命の必要およびその理論と方法論V：中学校暴力問題の根本的解決案：中学生問題を全体的に捕えなくてはいけない」(1981)
105　新興出版社「中1ギャップって何？　対処法は？」
https://www.shinko-keirin.co.jp/shinko/pittarinavi/2020010909/
(2022/1/15 閲覧)
106　文部科学省「暴力行為のない学校づくりについて（報告書）」
https://www.mext.go.jp/b_menu/shingi/chousa/shotou/079/houkou/1310369.htm
(2022/1/15 閲覧)

【第五章】
107　陣内靖彦「教師像の歴史的変遷」『転換期の教師』放送大学（2007）
天野郁夫『試験の社会史』東京大学出版会（1983）
楊素秋『日本人はとても素敵だった』桜の花出版（2003）
108　太郎丸博「『先生』の職業威信」(2014)
109　ダイヤモンド・オンライン「教員を多く輩出した大学ランキング！」(2021/5/31)
https://diamond.jp/articles/-/271717
※偏差値は、河合塾の情報を元に最も高い偏差値を示した。なお、私立3校については、教員になる学生が最も多い学部として、日本大学は文理学部、文教大学は教育学部、早稲田大学は教育学部の一般入試における偏差値に限定し、掲載している。(2021/12 調査)
110　国立公文書館アジア歴史資料センター
https://www.jacar.go.jp/seikatsu-bunka/p03.html
(2022/1/15 閲覧)
111　名古屋市立吹上小学校、松戸市立栗ヶ沢小学校などがPTAの強制加入制度を廃した実践を行っている。
112　Dhawal Shah “Online Degrees Slowdown: A Review of MOOC Stats and Trends in 2019”
https://www.classcentral.com/report/moocs-stats-and-trends-2019/
(2022/1/15 閲覧)
113　JMOOC（日本オープンオンライン教育推進協議会）

81　新井紀子「『9 割が教科書を読めていない』私立文系しか行けない子供たちの末路」
https://president.jp/articles/-/42389?page=1
(2022/1/15 閲覧)

82　齋藤浩「親たちはなぜ自制が利かなくなったのか」(2009)

83　「保護者等連携の手引き」(大阪府教育委員会)
https://www.pref.osaka.lg.jp/attach/6340/00000000/renkeitebiki.pdf
(2022/1/15 閲覧)

84　文部科学省「人事行政状況調査」(2020)

85　産経新聞 (2020/12/22)
https://www.sankei.com/article/20201222-TRDFFMIOCZPO5LBHIHXJLYDCDI/
(2022/1/15 閲覧)

【第三章】

86　文部科学省「これからの専修学校教育の振興のあり方検討会議（第 5 回）参考資料 1」(2016)

87　Bloom et al.'s Taxonomy of the Cognitive Domain
http://www.edpsycinteractive.org/topics/cognition/bloom.html
(2022/1/15 閲覧)

88　林修「東大の中下位層はレベルが下がっている……林修がその原因を推理」(2017/1/22)
https://www.excite.co.jp/news/article/BestTimes_4290/
(2022/1/15 閲覧)

89　竹内康浩『東大入試至高の国語「第二問」』(2008)

90　佐藤優『未来のエリートのための最強の学び方』(2019)

91　文部科学省　高等教育局私学部私学助成課「私学助成について」(2020 年度第 2 回)
https://www.mext.go.jp/content/20210215_mxt_sigakugy_1420538_00003_2.pdf

【第四章】

92　田中美子「いじめ発生及び深刻化のシステム論的考察」(2009)

93　森田洋司ら『日本のいじめ』(1999)
森田洋司「いじめによる被害発生率とその国際比較」(1999)

94　朝日新聞「小学校が『いじめ傍観』 1 年半放置、女児が視力障害に」(2019/6/12)

95　産経新聞「いじめメモ廃棄　教師が救わずに誰が救う」(2019/7/11)
https://www.sankei.com/article/20190711-LNYVGEVSAFIYLCK2WNWJGM2Y4E/
(2022/1/15 閲覧)

96　練馬・中 2 首吊り自殺　いじめを 1 年隠蔽し続けた“校長の言い分”(2020/2/6)
https://friday.kodansha.co.jp/article/94573
(2022/1/15 閲覧)

97　朝日新聞「神戸の中 3 自殺『教師寄り添えば救えた』 再調査委指摘」(2019/4/16)

98　文春オンライン「『娘の遺体は凍っていた』14 歳少女がマイナス 17℃の旭川で凍死　背景に上級生の凄惨イジメ《母親が涙の告白》」

61　村山拓「米国におけるギフテッド教育に関する特性把握と対応をめぐる議論の特徴」（2021）

62　ニューズウィーク日本版「11歳で大学を卒業した天才・物理少年、夢は『不老不死を実現すること』」（2021/8/18）
https://www.newsweekjapan.jp/stories/lifestyle/2021/08/11-61.php
（2022/1/15 閲覧）

63　前掲村山。

64　National Association of Gifted Children
https://www.nagc.org/resources-publications/gifted-education-practices/acceleration
（2022/1/15 閲覧）

65　河合塾の大学検索システム「Kei－NET」を用いて筆者が計算した。

66　岡本悦司「知的障害児の増加と出生時体重ならびに母年齢との関連」（2014）

67　文部科学省「令和元年度 通級による指導実施状況調査結果について」（2019）

68　内閣府
https://www8.cao.go.jp/shougai/whitepaper/h25hakusho/zenbun/h1_02_00_04.html
（2022/1/15 閲覧）

69　ベネッセコーポレーション社の通信教材

70　厚生労働省「患者調査」2011年度版、2014年度版、2017年度版から筆者が計算した。

71　「ブラック校則をなくそう！」プロジェクト
http://black-kousoku.org/
（2022/1/15 閲覧）

72　古田真太郎ら「中学生の学習時間と学力の関連」（2020）を元に筆者が計算した。

73　KBS World
http://world.kbs.co.kr/service/news_view.htm?lang=j&Seq_Code=76490
（2022/1/15 閲覧）

74　国立青少年教育振興機構「体験の風をおこそう運動」（2017）
http://www.niye.go.jp/kanri/upload/editor/114/File/gaiyou.pdf
（2022/1/15 閲覧）

75　文部科学省「令和2年度国公私立大学入学者選抜実施状況」

76　NHK首都圏ナビ「都立高校入試の“男女別定員制”同じ点数なのに女子だけ不合格？」（2021/3/25）
https://www.nhk.or.jp/shutoken/wr/20210325.html
（2022/1/15 閲覧）

77　NHK（2021/9/24 報道）
https://www.nhk.or.jp/shutoken/newsup/20210924e.html
（2022/1/15 閲覧）

78　岡部恒治ら『分数ができない大学生』（1999）

79　旺文社教育情報センター「50年間で大学数・学生数とも倍増！　女子占有率も上昇続く」（2020/11/2）
文部科学省「学校基本調査」

80　新井紀子『AI vs. 教科書が読めない子どもたち』（2018）

44　英語学習ひろば
https://hitononayami.com/eiken-study-time/#toc3
（2022/1/15 閲覧）

45　高等学校指導要領（平成 30 年告示）解説 国語編より

46　毎日新聞「『小説入る余地ない』はずが…高校の『現代の国語』教科書巡り混乱」（2021/9/23）
https://mainichi.jp/articles/20210923/k00/00m/040/187000c
（2022/1/15 閲覧）

47　文部科学省高等教育局大学振興課「大学入試改革の状況について」（2020/1）

48　日経新聞（2020/10/27）

49　文部科学省「高等学校卒業程度認定試験」
https://www.mext.go.jp/content/20210326-mxt_syogai02-01319_1j.pdf
（2022/1/15 閲覧）

50　文部科学省「小学校プログラミング教育の手引（第三版）」

51　胡啓慧「中国の小中高の情報教育に関するカリキュラム体系の歴史と現状」（2021）

52　読売新聞「高校『情報』必修　専門教員不足の解消が急務だ」（2021/6/5）
https://www.yomiuri.co.jp/editorial/20210604-OYT1T50319/

53　国立教育政策研究所「第 3 期科学技術基本計画のフォローアップ『理数教育部分』に係る調査研究」（2009）
https://www.nier.go.jp/seika_kaihatsu_2/
（2022/1/15 閲覧）

54　文部科学省
https://www.mext.go.jp/a_menu/shotou/kyoukasho/gaiyou/04060901/1235086.htm
（2022/1/15 閲覧）

55　山崎正和「私の国語教育論」（2019/4/3）
https://www.taishukan.co.jp/kokugo/media/blog/?act=detail&id=25
（2022/1/15 閲覧）

56　文部科学省「中学校用教科書目録（平成 32 年度使用）」（2019）

57　丹波新聞（2020/1/14）
https://tanba.jp/2020/01/15%E5%88%86x3%E6%97%A5%EF%BC%9D%E6%8E%88%E6%A5%AD1%E3%82%B3%E3%83%9E%E3%80%80%E6%96%B0%E5%B9%B4%E5%BA%A6%E3%81%8B%E3%82%89%E6%8E%88%E6%A5%AD%E6%95%B0%E5%A2%97%E3%80%80%E6%99%82%E9%96%93%E7%A2%BA/

58　文部科学省「平成 30 年度公立小・中学校等における教育課程の編成・実施状況調査調査結果」
https://www.mext.go.jp/component/a_menu/education/micro_detail/__icsFiles/afieldfile/2019/04/10/1415063_2_1.pdf

59　同上。

60　正規確率で表れたデータをグラフにした際、出来上がる曲線のこと。中央値のデータ数が最も大きくなり、その数字を中心としてプラス方向とマイナス方向のグラフが対称となる、とされる。

（2022/1/15 閲覧）
30　同上と「平成 29 年度 児童相談所での児童虐待相談対応件数〈速報値〉」を相関させて書いた。
31　厚生労働省　児童相談所関連データ
https://www.mhlw.go.jp/content/11900000/000676853.pdf
（2022/1/15 閲覧）
32　川松亮明星大学常勤教授の計算方法を参考に筆者が計算した。
「児童相談所における虐待対応の現状と課題」（2020）
https://www.jichiken.jp/article/0161/
（2022/1/15 閲覧）
33　友田明美「体罰や言葉での虐待が脳の発達に与える影響」
https://psych.or.jp/publication/world080/pw05/
（2022/1/15 閲覧）
34　同上。
35　文部科学省「臨時免許状の授与件数」（2018）
https://www.mext.go.jp/a_menu/shotou/kyoin/1413991_00001.html
（2022/1/15 閲覧）
36　西日本新聞「教員不足、頼みは臨時免許　大学生にも…『乱発は制度形骸化招く』」（2021/7/11）
https://www.nishinippon.co.jp/item/n/768653/
（2022/1/15 閲覧）
37　文部科学省「非正規教員の任用状況について」
https://www.mext.go.jp/b_menu/shingi/chousa/shotou/084/shiryo/__icsFiles/afieldfile/2012/06/28/1322908_2.pdf
（2022/1/24 閲覧）
38　原田隆之「教師による性犯罪をどのように防ぐべきか」（2020/9/3）
https://news.yahoo.co.jp/byline/haradatakayuki/20200903-00196413
（2022/1/15 閲覧）
39　松井茂記『性犯罪者から子どもを守る』（2007）
太田達也「性犯罪者の釈放と電子監視」（2009）
40　時事通信出版局「2021 年度教員採用試験　自治体・校種別最終選考倍率」
https://book.jiji.com/wp-content/uploads/2021/02/69a00e313c2949aa7ecbcc7eaa8a9bea.pdf
時事通信出版局「2021 年度（2020 年夏実施）教員採用試験　最終合格者 DATA」
https://book.jiji.com/basic/app_guide/app_guide-5378/
（2022/1/15 閲覧）
41　神戸新聞（2020/9/10）
42　日経新聞（2019/6/19）
43　東京新聞
https://www.tokyo-np.co.jp/article/50335
（2022/1/15 閲覧）

(2022/1/15 閲覧) と IBO (International Baccalaureate Organization) の公式 HP から計算。(2022/1/15 閲覧)

12 IBO (International Baccalaureate Organization) の学校検索でヒットするもののみカウントした。(2022/1/15 閲覧)

13 文部科学省初等中等教育局長「不登校児童生徒への支援の在り方について (通知)」(令和元年 10 月 25 日)
https://www.mext.go.jp/a_menu/shotou/seitoshidou/1422155.htm

14 文部科学省「小・中学校に通っていない義務教育段階の子供が通う民間の団体・施設に関する調査」(2015/8/5)

15 文部科学省「児童生徒の問題行動・不登校等生徒指導上の諸課題に関する調査」(2020)

16 金城千尋「フリースクールの学びに関する質的検討」(日本教育心理学会発表、2020)

17 「学校以外にも居場所あるよ 支援団体・児童館…呼びかけ広がる」『朝日新聞』(2016/8/31 夕刊 2 面)

18 注 13 と同じ。

19 注 8 と同じ。

20 令和 3 年度「学校基本調査」

21 ズバット通信制高校比較
https://zba.jp/tsushin-highschool/
(2022/1/15 閲覧)

22 公益財団法人 全国高等学校定時制通信制教育振興会「文部科学省平成 29 年度委託調査研究報告書 定時制・通信制高等学校における教育の質の確保のための調査研究」(2018/2)

23 N 高等学校・S 高等学校 HP
https://nnn.ed.jp/news/blog/archives/6403.html
(2022/1/15 閲覧)

24 N 中等部
https://n-jr.jp/about/education/
(2021/8/18 閲覧)

【第二章】

25 塚野弘明「社会的に組織化された『暗記力』」(2003)

26 西垣昌和「ゲノム解析技術がもたらした保健医療の変革―ゲノム看護学の始まり―」(2019)

27 斎藤学「毒親と子どもたち」(日立財団 web マガジン)
https://www.hitachi-zaidan.org/mirai/02/paper/pdf/saito_treatise.pdf
(2022/1/15 閲覧)

28 令和 2 年度 児童相談所での児童虐待相談対応件数
https://www.mhlw.go.jp/content/000863297.pdf
(2022/1/15 閲覧)

29 厚生労働省「福祉行政報告」(2019)
https://www.mhlw.go.jp/toukei/saikin/hw/gyousei/19/dl/kekka_gaiyo.pdf

注釈一覧

【はじめに】

1　水原克敏「『師範型』問題発生の分析と考察」（1977）
浜野兼一「修身教育の史的展開からみた徳育の教育目的と教育方法の考察—明治期の小学校における修身教育の形成を中心に—」（2017）

2　ベトナムは、実験や実習を重視した日本の5年制技術者教育機関「高等専門学校（高専）」をモデルにした新たな教育展開を模索している。昨年の来日時にグエン・スアン・フック首相（当時）が覚書に署名し、すでに3校で試験導入されている（2020/10/20: ベトナムニュースライナー）。（2022/1/15閲覧）タイでは「日本型高等専門学校の教育制度（KOSEN）」を本格的に導入した学校を2019年5月に、2校目を2020年6月に、それぞれ開校している。
国立高等専門学校機構「タイ高専」
https://www.kosen-k.go.jp/about/global/development/thai_kosen.html
（2022/1/15閲覧）

【第一章】

3　文部科学省
https://www.mext.go.jp/content/20201015-mext_jidou02-100002753_01.pdf
（2022/1/15閲覧）

4　国立教育政策研究所
https://www.nier.go.jp/shido/centerhp/1syu-kaitei/1syu-kaitei090330/1syu-kaitei.3futoko.pdf
（2022/1/15閲覧）

5　日本財団
https://www.nippon-foundation.or.jp/app/uploads/2019/01/new_inf_201811212_01.pdf
（2022/1/15閲覧）

6　文部科学省「生徒指導上の諸問題の現状について（速報）」2004年度、2005年度

7　国立教育政策研究所
https://www.nier.go.jp/shido/centerhp/1syu-kaitei/1syu-kaitei090330/1syu-kaitei.4koukou.pdf
（2022/1/15閲覧）

8　文部科学省初等中等教育局児童生徒課「令和2年度 児童生徒の問題行動・不登校等生徒指導上の諸課題に関する調査結果について」
https://www.mext.go.jp/content/20211007-mxt_jidou01-100002753_1.pdf

9　日経新聞（2019/2/13）

10　https://iscresearch.com/data/
（2021/8/11閲覧）

11　文部科学省「国際バカロレアの推進」
https://www.mext.go.jp/b_menu/shingi/chukyo/chukyo4/043/siryo/__icsFiles/afieldfile/2019/01/21/1396556_9.pdf

林純次（はやしじゅんじ）

1975年埼玉県生まれ。京都大学大学院教育学研究科修了。大学卒業後、大手新聞社に記者として入社。事件・事故、医療、政治、教育、高校野球などを担当する。フリーランスジャーナリストに転身した後は、カンボジアやパレスチナなどの貧困地帯や紛争地域を取材。教育者に転身し、国語教育や平和教育に勤しむ。2012年度読売教育賞優秀賞（国語教育部門）受賞。IB（国際バカロレア）校での教頭職や教員研修の講師を経て、現在は関西の私学で教鞭を執る傍ら、国内外の中等教育学校のスーパーバイザーや、教師向けのインストラクターを務めている。著書に『残念な教員』『本物の教育』〈共著〉（いずれも光文社新書）がある。

学校《がっこう》では学力《がくりょく》が伸《の》びない本当《ほんとう》の理由《りゆう》

2022年2月28日初版1刷発行
2022年3月30日　2刷発行

著　者 ── 林純次
発行者 ── 田邉浩司
装　幀 ── アラン・チャン
印刷所 ── 萩原印刷
製本所 ── ナショナル製本
発行所 ── 株式会社光文社
東京都文京区音羽1-16-6（〒112-8011）
https://www.kobunsha.com/
電　話 ── 編集部03(5395)8289　書籍販売部03(5395)8116
業務部03(5395)8125
メール ── sinsyo@kobunsha.com

 ISBN 978-4-334-04592-0

1171

保健所の「コロナ戦記」TOKYO2020－2021

関なおみ

'20～'21年にかけ、保健所と都庁の感染症対策部門の課長としてコロナ対策の第一線で指揮を執り続けた公衆衛生医師の記録。国立国際医療研究センター・大曲貴夫氏との対談も収録。

978-4-334-04578-4

1172

火星の歩き方

臼井寛裕　野口里奈　庄司大悟

気球でまわる火星一周の旅から、標高2万m超のオリンポス登山、自然の造形美あふれる極地ツアーまで。3人の研究者による、火星の魅力がとことん詰まったガイドブックの決定版！

978-4-334-04580-7

1173

JJとその時代

女のコは雑誌に何を夢見たのか

鈴木涼美

JJに象徴される雑誌は、なぜ多くの女性の心をとらえたのか。単なるファッション情報だけではない、女性が託したもの、夢見たものとは何か。雑誌の時代への限りない愛着をこめた挽歌。

978-4-334-04583-8

1174

〈問い〉から始めるアート思考

吉井仁実

「問い」は「答え」より大きな力を持つ。生きることは「問い」の模索である――。「目に見えないものを見る」には？　アートディレクターと考える、アイデア&イノベーションの育み方。

978-4-334-04581-4

1175

オリックスはなぜ優勝できたのか

苦闘と変革の25年

喜瀬雅則

下馬評を大きく覆し、2年連続最下位からのペナント制覇は、いかに成し遂げられたのか？　逆に、なぜかくも長き暗黒時代が続いたのか？　元番記者が豊富な取材で綴る。

978-4-334-04582-1

1176
ヘーゲル哲学に学ぶ考え抜く力
川瀬和也
哲学の基本スキルである「考え抜く力」は、同時に人生一〇〇年時代の「社会人基礎力」でもある。十九世紀ドイツのヘーゲル哲学が、二十一世紀のビジネスに〝効く〟理由とは？
978-4-334-04585-2

1177
田舎はいやらしい
地域活性化は本当に必要か？
花房尚作
「地域活性化は正しい」――これは都会に住む者の勝手な思い込みでは？　過疎地域在住12年の著者が、現地での調査やインタビューをもとに過疎地域の〝本音と建前〟を鋭く描き出す。
978-4-334-04588-3

1178
ルポ　座間9人殺害事件
被害者はなぜ引き寄せられたのか
渋井哲也
判決から1年――。わずか2カ月で9人が犠牲になった「座間9人殺害事件」はなぜ起きたのか。若者の生きづらさを長年取材してきた著者が、被害者の心情にも迫りながら再検証する。
978-4-334-04586-9

1179
メタバースとは何か
ネット上の「もう一つの世界」
岡嶋裕史
フェイスブックはなぜ「メタ（Ｍｅｔａ）」に社名変更したのか？　ＩＴのわかりやすい解説に定評のある著者が、話題の「メタバース」の基礎から未来の可能性までを語る。
978-4-334-04584-5

1180
「非会社員」の知られざる稼ぎ方
村田らむ
これまでにないジャンルに根を張って、長年自営で生活している人がいる。自分で敷いたレールの上にあるマネタイズ方法を、特殊分野で自営を続けるライター・村田らむが紡ぐ。
978-4-334-04587-6

1181

「廃炉」という幻想
福島第一原発、本当の物語

吉野実

増え続ける処理水、不可能に近いデブリ取り出し、行く先のない事故炉の廃棄物…なぜ国や東電は廃炉「できる」との幻想を広め続けるのか。長年の取材から「誰も触れない真実」に迫る。

978-4-334-04589-0

1182

サッカー店長の戦術入門
「ポジショナル」VS.「ストーミング」の未来

龍岡歩

ペップ、クロップ、ナーゲルスマン……。日々進化を続ける現代サッカーの行きつく先を、名将たちの知恵比べから読みとく。サッカー未経験、異色の戦術分析官による初の著書。

978-4-334-04590-6

1183

感染症としての文学と哲学

福嶋亮大

文学者や哲学者がいかに感染症＝病のイメージを自らの思考に取り入れてきたか。病とは人にとって何なのか。病気とともに生きてきた人間の一側面を鮮やかに切り取る病の文化史。

978-4-334-04591-3

1184

学校では学力が伸びない本当の理由

林純次

教育界のブラック化、教員の低レベル化、毒親の変異化、児童・生徒の二極化、カリキュラムのカオス化――8万部『残念な教員』著者による危機の教育論。より良い教育の実現のために。

978-4-334-04592-0

1185

歴史検証 なぜ日本の野党はダメなのか？
「自民党一強」を支える構造

倉山満

自民党の〝政権独占〟は「無能な野党」に支えられている――。民主政治の本来の姿とは何か。私たち有権者ができることは何か。政治を諦めないために憲政史家が歴史を遡って検証する。

978-4-334-04593-7